CE DOCUMENT A ÉTÉ MICROFILMÉ TEL QU'IL A ÉTÉ RELIÉ

JOURNAL INÉDIT
DE
ARNAULD D'ANDILLY

(1626)

JOURNAL INÉDIT

DE

ARNAULD D'ANDILLY

JOURNAL INÉDIT

DE

ARNAULD D'ANDILLY

1626

PUBLIÉ D'APRÈS LE MANUSCRIT AUTOGRAPHE

PAR

EUGÈNE HALPHEN

ET

JULES HALPHEN

PARIS
CHAMPION, LIBRAIRE-ÉDITEUR
Quai Voltaire, 9
—
1905

A BERTHA EUGÈNE HALPHEN

10 Décembre 1905

Nous avions l'intention de mettre au bas des pages de courtes notices biographiques déterminant les personnages cités dans la page. Ce procédé a de grands inconvénients, il oblige à reproduire la même note quand reparaît le personnage dans les pages suivantes et dans les autres années. Nous pourrions à la fin de chaque année mettre une table des noms cités dans le fascicule, mais le lecteur, en lisant les années suivantes, devrait avoir sous les yeux tous les volumes précédents afin de consulter toutes les tables.

Nous pensons qu'il est plus pratique de mettre toutes les notes à la fin du journal qui s'arrête à l'année 1632. Nous y joindrons les notes précieuses mises par Achille Halphen dans sa publication du Journal d'Arnauld des années 1614 à 1619. Nous donnerons ainsi un petit dictionnaire biographique de tous les personnages cités dans le journal et ce dictionnaire spécial à Arnauld, sera cependant utile aux lecteurs d'autres ouvrages où paraissent les mêmes personnes.

Nous espérons que les curieux des détails de l'histoire, qui s'intéressent au Journal d'Arnauld, nous pardonneront le renvoi à une époque éloignée, que nous rapprocherons autant que possible, des notes utiles à l'éclaircissement du texte. Le désir de faciliter les recherches et de rendre notre édition commode est notre excuse.

JOURNAL INÉDIT

DE

ARNAULD D'ANDILLY

1626

(Bibl. de l'Arsenal. Le *Journal d'Arnauld* occupe les N°° 5178 à 5185. Le T. V. est 1625 et 1626)

JANVIER

Jeudi 1ᵉʳ.

Lundi 5. — Monseigneur donne à souper la veille des rois au logis de Mʳ le Colonel à tous les grands de la Cour et y avoit à table :

        Monseigneur ;
        Mʳ le Comte ;
        Mʳ de Nevers ;
        Mʳ de Longueville ;
        Mʳ d'Elbeuf ;
        Chevreuse ;
        Mʳ le Prince ;
        Mʳ de Metz ;
        Mʳ de Moret ;

Mr le Cardinal de la Vallette ;
Mr de Montbazon ;
Mr de Bellegarde ;
Mr de Luxembourg ;
Mr de Ventadour ;
Mr le Colonel ;
Mr le Comte de Brion ;
Mr le Marquis de Brézé ;
Mr de Canaples.

Mr de Lyancour — de Chalais — de Sardiny . . . . estoient priez.

Mr le Maréchal de Schonberg fut (à ce que l'on dit) marry de n'avoir esté prié ; mais Monseigneur dit que c'est à cause qu'il est ministre.

Le roy reçoit nouvelles que le Pousin sur le Rhosne avoit esté petardé par Brizon, que le lieutenant du Comte de Brenes et quelques suisses y avoient esté tuez ; qu'ilz avoient eu entreprise sur le Crest et Baiz. . . . . lesquelles ilz avoient faillies ; qu'il avoit aussy pris. . . . .

Mardi 6. — Le roy faict mettre dans la Bastille le comte de Brenne, gouverneur du Pousin, à cause qu'il avoit receu, il y a 4 mois, commandement de s'y en aller.

Le roy faict mettre aussy à la Bastille. . . . . frère de Brizon, lequel estoit député vers Sa Majesté par les Hugenotz de Vivarestz.

Mecredy 7. — Le roy envoye quérir Mᵣ le Colonel d'Ornano sur les 8 heures et demie du soir.

Jeudi 8. — Mᵣ le Colonel d'Ornano faict *le serment de mareschal de France*, le roy estant dans son petit cabinet prez la chambre de la reyne, assiz sur un escabeau, Mᵣ le Colonel ayant osté ses gans et son espée et s'estant mis à deux genoux sur un carreau devant le roy avec les mains joinctes, Mᵣ de Beaucler, secrétaire d'estat leut dans un papier le serment, et, aprez que Mᵣ le Colonel eust dit qu'il l'observeroit, le roy luy mit entre les mains le 1ᵉʳ baston d'un exempt ou capitaine des gardes, qui se trouva là, lequel Mᵣ le Colonel rendit aprez et reprit son espée; Monseigneur estoit présent.

Samedi 17. — Mᵣ le Comte de Thorigny, qui estoit cousin et fort amy de Mᵣ le Comte de Pontgibault, faict appeler Mᵣ de Challais.

Lundi 19. — Feydeau faict banqueroute et s'en va.

Samedi 30. — Mᵣ *le Mareschal de Praslain* meurt à Paris d'une fiebvre double quarte. Il estoit revenu malade de Marano, et l'on tient que sa maladie venoit de melancolie, à cause de la mauvaise satisfaction que le roy avoit de luy comme croyant en avoir esté fort mal servy à la Rochelle; ce qui l'avoit portée à donner le commandement de l'armée à Mᵣ le Maréchal de Themines.

Mᵣ le Maréchal de Praslain laisse sept enfans avec 8000 livres de rente et c. m. écus d'argent.

FEBVRIER

Dimanche 1ᵉʳ.

Jeudi 5. — Le roy dit dans le Louvre aux députez de la Religion prétendue réformée qu'il leur donnoit la paix.

Lundi 9. — Mʳ le Prince de Piedmont arrive en poste voir la Reyne, mère du roy, puis va à St-Germain trouver le roy.

Balagny envoye appeler le Comte d'Annonay par Bellay; se battent auprez du Château de Bissêtre. Villeneuve, second du Marquis d'Anonay donne 3 coups d'espée à Bellay, dont il mourut 4 heures aprez, et luy receut un coup d'espée dans la cuisse, dont il mourut sur le champ. Le Marquis d'Anonay estant venu aux prises avec Balagny, lui donne un coup de poignard dans le costé. Balagny revint avec les 4 espées. Il dit qu'ayant osté celle de M. d'Anonay il avoit pris celles des 2 seconds qui se mouroient.

Le Marquis d'Anonay au contraire dit qu'ayant jetté son espée pour aller faire prier Dieu à Villeneuve, Balagny la ramassa et ainsy alla prendre les espées des deux seconds.

Mercredi 18. — Mʳ de Champigny estant allé voir Mʳ le Cardinal de Richelieu à Chaliot, Mʳ le Cardinal luy dit que le roy désirait qu'il le servist dans le Conseil des Jespesches et qu'il quittast la surintendance des finances et receust c. m. livres de recompense du controlle.

On creust 11 jours durant Mr de Lauzon contrôleur général.

Mr de Marillac demeure seul superintendant des finances.

Jeudi 19. — Bouteville estant picqué de ce qu'on lui avait rapporté que M^r d'Elbeuf avoit desseing de le faire battre contre une douzaine des siens, il pria Chantail d'appeller M^r d'Elbeuf. Ce qu'il fit au bal chez Mad^e de Caumartin, où M^r le Comte et M^r le Grand Prieur estans dans une chambre avec M^r d'Elbeuf, ilz se retirèrent et y laissèrent M^r d'Elbeuf (on dit que ce fut à dessein), auquel Chantail, ayant pris son temps, dit que Bouteville désiroit de le voir l'espée à la main. M^r d'Elbeuf respondit qu'il le vouloit bien, et, qu'affin d'oster tout soupçon, il s'iroit coucher au sortir du ballet et se léveroit d'assez bonne heure, tandis que tout le monde seroit endormy. Chantail ayant adjousté qu'il suppliait M^r d'Elbeuf de luy donner une homme de condition pour se battre contre luy, il luy respondit qu'aussy feroit-il, puisqu'il luy donneroit son escuyer, qui estoit gentilhomme. — Quelques asseurent que M^r d'Elbeuf dit qu'il luy bailleroit un homme de meilleure maison que luy, puisque son escuyer estoit gentilhomme.

M^r d'Elbeuf sortant du bal, Chantail s'approcha de luy dans la presse et lui dit à l'oreille. . . . .

Le roy, ayant eu adviz que M^r d'Elbeuf avoit broullerye, luy envoya un enseigne de ses gardes pour le garder, et, le samedy 21e, craignant qu'il ne s'eschapast, luy commanda de coucher dans le Louvre dans la chambre de Mr le Prince.

Aujourd'huy, XX febvrier MVICXXVI, le roy, estant à Paris, se ressouvenant des services signalez à luy et à ses prédécesseurs renduz par le Sr de Champigny, conseiller en son Conseil d'estat, controlleur général et surintendant de ses finances, les voulant recognoistre et luy donner moyen de le servir plus assiduement en ses conseilz, et ayant esgard à la très-humble prière qui luy a esté faicte, a trouvé bon qu'il se descharge du soing et travail de l'administration de ses finances, et l'a retenu et retient pour servir en son Conseil des depesches et en ses Conseils ordinaires, et luy a permis de tirer de la charge de contrôleur général de ses finances la somme de cent mil livres de celluy que sa Majesté y voudra mettre, et outre, qu'il soit payé par chascun an des mesmes appointemens et entretenemens qu'il reçoit à présent tant de la dite charge de surintendant de ses finances que de conseiller en son Conseil montans ensemble à la somme de XVI{m} livres et qu'il soit couché et employé pour ladite somme sur l'estat de son Conseil, en vertu du présent brevet, sans qu'il luy soit besoing d'autre brevet ny expéditions qu'icelluy que Sadite Majesté a pour ce voulu signer de sa main et estre contresigné de moy, son conseiller et secrétaire d'estat et de ses commandements et finances.

Signé LOUIS,
et plus bas,
DE LOMÉNIE.

Dimanche 22. — Suivant ce qui fut résolu par les maréchaux de France et aprouvé par le Roy, M^r le Cardinal de La Vallette mène Mr de Bouteville chez M^r d'Elbeuf, auquel ledit Sr de Bouteville dit : « Monsieur, « je vous viens supplier très-humblement de vouloir « oublier ce qui s'est passé, de me pardonner et de me « tenir pour votre très-humble serviteur. » M^r d'Elbeuf luy respondit fort civilement.

Monseigneur, M^r le Comte, M^r le Grand Prieur, M^r d'Angoulesme et M^r le Comte d'Alaiz se déclarèrent pour Bouteville.

Jeudy 26. — Le Comte des Chappelles ayant dit à Butte (gentilhomme de M^r le Comte de Harcour, frère de M^r d'Elbeuf) qu'il vouloit voir Voisins l'espée à la main, Butte qui sçavoit le desseing de son maistre, luy dit qu'il luy en rendroit responce ou de quelque autre chose; et incontinent aprez fut dire à Bouteville que M^r le Cte de Harcour l'attendoit auprez de l'hospital St-Louis. Estans sur le lieu et se battant à l'espée seule, Butte, qui est fort adroit, porte un coup dans la cuisse au Comte des Chappelles, le porte par terre, et luy oste son espée et court à son maistre. M^r le Comte de Harcour ayant reçu deux coups qui ne le faisoient qu'esgratigner porta une estocade, laquelle Bouteville dit qu'ayant parée il prit l'espée avec son gand et luy cria : « Eh bien ! mon petit maistre », et qu'il ne voulut pas le fraper, qu'en mesme temps M^r le Cte de Harcour retira son espée et luy sauta au collet, et que, voyant arriver Butte, luy Bouteville, qui n'étoit pas dessous, s'y mit affin qu'il ne le tuast pas, de peur de blesser Mʳ le Cᵗᵉ de Harcour.

Butte estant arrivé cria à Mʳ le Comte de Harcour : « Mon maistre, voulez-vous que je le tue? » Mʳ le Cᵗᵉ d'Harcour cria : « non! Il est brave homme. » Ainsy Butte se contenta de luy oster son espée, et Mʳ le Cᵗᵉ de Harcour revint ainsy avec les 4 espées et renvoya dès le soir à Mʳ de Bouteville son espée par Mʳ le duc de Rohanois, et ilz furent aussy accordez dez ce soir mesme.

Vendredi 27. — Monseigneur estant allé à St-Germain avec le roy, le Roy le fit coucher avec luy.

MARS

Dimanche 1ᵉʳ. — Le roy signe l'ecdit des duelz en présence des princes, etc.

Le Comte de Thorigny faict appeller Mʳ de Challais ; Mʳ de Lyancour secondoit M. le C. de Thorigny et Bouteville secondoit Challais.

Le Marquis d'Anonay envoye appeler Balagny par Luppes. Comme ilz s'alloient battre, le jeune Saldagne les sépara.

Mʳ de Nouailles se bat contre Mʳ de Merville, le second duquel donna un coup d'espée dans le ventre à Mʳ de Nouailles.

En un Conseil tenu au Louvre devant le roy, Sa Majesté ayant dit qu'elle vouloit pourvoir à la charge de contrôleur général des finances, Mʳ de Marillac proposa plusieurs personnes tant des Cours souveraines qu'autres; entre lesquelles fut Mʳ le *Président de Dray*, auquel le roy s'arresta, et Mʳ le Chancellier l'ayant envoyé quérir le lendemain par commandement de Sa Majesté, luy dit qu'elle l'avait choisy pour luy donner la charge de *Contrôleur général des finances*, à condition de donner à Mʳ de Champigny c. m. livres de récompence, dont il luy serait expédié un brevet d'asseurance.

Il y avoit jusques à 18 prétendans en ceste charge, et entr'autres Mʳˢ de Chevry, du Houssay, Tronson, Flexelles, Ollix, de Castille, de Lauzon, Turgot.

Les intendans des finances ayans prétendu de marcher selon leur rang du Conseil avec Mʳ Du Dray, contrôleur général, le roy ordonna qn'il les précéderoit tous.

Mercredi 4. — Le Comte de Louvigny et. . . . . . gentilhomme du Comte de Guiche, son frère, se battent contre Hoquincour, extrêmement blessé et d'Antragues Marcoussis tué sur la place.

Jeudy 5. — Mʳ le Comte de Thorigny estant parent proche et extrêmement amy du Comte de Pontgibault, il partit en poste de sa maison proche de Lyon pour venir faire appeller Mʳ de Challais; ce qu'ayant faict plusieurs fois et ayant esté empesché, enfin ilz furent accordez par Mʳˢ les Maréchaux de France. Néantmoins le Comte de Thorigny ayant envoyé chez Mʳ de Bellegarde (où estoit Mʳ de Challais) pour tascher à aprendre de ses nouvelles, il trouva Mr du Fretoy, amy de Challais, par le moyen duquel, à cause de l'empeschement de Mr de Challaiz, la party fut liée avec Bouteville, qui aprez y mit un gentilhomme à luy, nommé . . . . . ., extrêmement adroict, et qu'il avait nourry page, et tous ensemble s'en allèrent coucher en une hostellerye, nommée la Galère, au bout du faulxbourg St-Jacques. Le Comte de Thorigny et Bouteville furent plus de 4 heures sur un mesme lict; Bouteville, parlant au Comte de Thorigny, témoigna l'avoir tousiours eu en grande estime et désiré d'estre son amy. Le Comte de Thorigny luy parla au contraire comme ayant tousiours eu pour luy beaucoup de hayne et de mespris. Le matin du jeudy estant venu, ils se battirent. Le Cte de Thorigny pressa furieusement Bouteville et luy porta deux coups au bras. Aprez cela, s'estans tous deux portez, le Cte de Thorigny rompit son espée dans le corps de Bouteville, et, en mesme temps (ainsy que dit Bouteville), Bouteville luy porta un coup d'espée au-dessous du cœur. On dit que La Frette y estant couru, le Cte de Thorigny dit : « Mon espée s'est rompue, et il m'en a donné jusques « aux gardes. » La Frette luy voulut parler de Dieu ; mais il rendit l'esprit à l'instant mesme sans pouvoir respondre.

Cochois, le gentilhomme de Bouteville, eut incontinent tué Le Mesny, celuy du Cte de Thorigny et fut séparer La Frette et Le Fretoy, qui se battoient, et lors La Frette courut au Cte de Thorigny, comme il est dit cy-dessus.

Le roy, ayant sceu que Mⁱ de Lyancour (intime amy du Cᵗᵉ de Thorigny) vouloit faire appeller Bouteville, et que le comte de La Rocheguyon estoit pour se mettre de la partye, Sa Majesté leur fit deffence et à Mʳˢ de Longueville et de Beuvron de ne rien demander à Bouteville et leva les gardes qu'elle avoit données à Mʳ de Lyancour.

Mardi 24. — Le nouvel edict des duelz est enfin signé par le roy, en présence de tous les princes et de toute la Cour, au mois de febvrier et aprez plusieurs difficultez veriffié en parlement le 24 Mars 1626.

Le roy fit le jubilé à pied 5 jours durant, faisant 5 églises par jour.

La reyne, mère du roy, ne pouvant aller à pied, le fit en carrosse.

AVRIL

Mercredi 1ᵉʳ. — Mʳ le Prince de Piedmond s'en retourne. Il avait esté fort surpris et mal satisfait du traicté de paix conclu en Espagne par Mʳ du Fargis (?) et depuis exécuté avec quelques nouvelles conditions que le roy désira, ausquelles le Comte d'Olivarès eut très grande peyne à se résoudre.

Samedi 4. — Le roy part pour aller à Fontainebleau.

Lundi 6. — Ce premier jour de la semaine Sainte, les reynes partent pour aller à Fontainebleau.

Mardi 21. — Monseigneur part de Paris et va à Fontainebleau ; jusques là il avait toujours differé et M^r . . . . dit que, sans les raisons qu'il avoit représentées à Monseigneur, il eut encor retardé jusques au Vendredy.

Samedi 25. — Monseigneur, ce jour de St-Marc, jour de sa naissance, fit un festin magnifique de poisson dans le grand *ferrare* où estoient Mr de Guise — Mr de Nevers — Mr de Nemours — M^r d'Angoulesme — M^r le Cardinal de La Valette — M^r d'Uzey — M^r le Maréchal de Bassompierre — M^r le Maréchal d'Obterre — M^r le Maréchal d'Ornano — M^r le Général des Gallaires — M^r le Comte de Curson — M^r le M. de Mosny — M^r le M. de Brézé — M^r le Cte de Brion — M^r d'Ornano — M^r le Chevalier de Valencé — Mr de Fontenay-Mareil — Mr de Marcheville — M^r d'Ouailly — Mr de Mausan — Mr de Chaudebonne — M. de Reuilly — M^r des Ouches — M. de Sardiny — M. Bautru — Chevalier de Jura.

MAI

Vendredi 1er.

Lundi 4. — Le roy dit à *Monseigneur* qu'il vouloit qu'il fust de son Conseil, et, le dimanche suivant 3, il y prit séance.

Le roy faict venir 6 compagnies du régiment des gardes, sous prétexte de leur faire faire l'exercice et en choisit 600 hommes ausquelz il fit faire l'exercice toute l'après-disnée dans la Cour du Cheval Blanc, et fit venir aussy ses mousquetaires, qui estoient meslez avec ses gardes. Cest exercice durant jusques au soir servit de prétexte pour ne renvoyer ny les gardes ny les mousquetaires. Le roy fit venir aussy sur le soir ses compagnies de gens d'armes et de chevaux legers pour tenir les advenues de Fontainebleau, et Sa Majesté avoit dit qu'elle partoit le lendemain pour aller à Nemours ; ce qui avoit faict resoudre Monseigneur à aller à Paris.

A 9 heures et demie du soir, le roy estant couché, il envoya quérir par un garson de la chambre M^r *le Maréchal d'Ornano*[1] qui soupoit dans sa chambre avec M^r le Cardinal de la Valette et M. de Chaudebonne.

M^r le Maréchal d'Ornano estant entré chez le roy[2]

---

1. Le Cardinal voulait que le duc d'Orléans épousât la très riche Mlle de Montpensier. Le duc résistait et Ornano encourageait cette résistance : c'est là l'origine de tous ses malheurs. Le Cardinal ne pardonnait jamais à ceux qui avaient contrarié ses desseins ; il fit mettre d'Ornano à la Bastille, d'où il sortit par les démarches de Monsieur et il le fit plus tard mettre au Château de Vincennes où il mourut.
(Voy. P. Griffet : *Hist. de Louis XIII*, in-4 1758, T. 1, p. 490).
Arnauld donne des détails qui ne sont dans aucun historien.

2. Le roy se releva, joua demye heure de la guitare, entra dans le cabinet de Louale, où il fit venir le mareschal d'Ornano, luy parla longtemps de chasse, sortit, et puis Mr du Hallier y entra suivy de 12 gardes, qui dit au Maréchal d'Ornano qu'il avoit commandement du roy de l'arrester ; à quoy il respondit qu'il s'en estoit bien doubté le voyant venir à luy. Il fut mené sur le minuict dans la Chambre du pavillon du jeu de Paulme, où il coucha dans un lict envoyé quérir chez M. Zamet.

Le roy dit à Monseigneur que le Maréchal d'Ornano avait voulu mettre le feu dans son estat, et qu'il les avoit voulu mettre mal ensemble ; qu'il l'aymoit comme son frère unique ; que n'ayant point d'enfans, la Couronne le regardoit ; qu'il ne désiroit point qu'elle fust partagée par ceux qui avoient dessein de ruyner l'estat ; qu'autrefois on l'avoit mis mal avec la reyne, sa mère, en luy donnant des défiances d'elle ; ce qui l'avoit porté à luy faire les mauvais traictemens qu'elle avoit receuz, dont il luy avoit depuis demandé plusieurs fois pardon, les

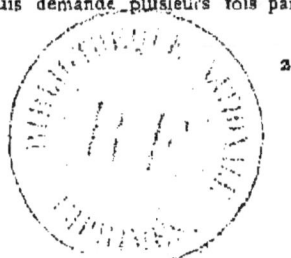

15 ou 20 gardes entrèrent aprez luy dans la chambre du roy. Mʳ de Puylaurens, qui estoit avec luy, vint en donner adviz à Monseigneur, qui demanda son manteau et son espée, et s'en alla chez le roy. Aussy tost qu'il fut entré dans l'antichambre, Mʳ du Hallier (qui estoit dans la salle des gardes) y entra, et les gardes empeschèrent les gentilzhommes qui suivoient Monsieur d'aller avec luy. Monsieur estant dans la Chambre du roy, Sa Majesté luy dit que le Maréchal d'Ornano l'avoit voulu brouiller avec luy et faire comme le connestable de Luynes, qui le tenoit mal avec la reyne, sa mère. Monseigneur dit que c'estoit des calumnies, dont on avoit usé contre Mʳ le Maréchal, et que, s'il sçavoit qui en estoit l'autheur, il s'en vangeroit. Incontinent la reyne, mère du roy, vint. Tous Mʳˢ les Ministres et tous les Princes qui furent mandez l'un aprez l'autre, sçavoir : Mʳ le Comte, Mʳ de Guise, Mʳ d'Elbeuf, Mʳ le Grand-Prieur, Mʳ de Nemours.

Mʳ le Cardinal de La Valette — Mʳ le Maréchal de Vitry.

Ce fut Mʳ de Lyancour qui fut advertir Mʳ le Comte (qui en fut scandalizé, à cause qu'il n'est pas en armes

---

genoux en terre ; qu'il n'avoit point au monde un plus grand désir que de vivre bien avec elle et avec luy et qu'ilz debvoient tous deux le croire, puisqu'elle estoit leur mère.

La première chose que Monseigneur dit au roy, oprez avoir parlé pour Mʳ le Maréchal d'Ornano fut « Monsieur, ne m'ostez point Andilly ; il est fort « homme de bien, et j'en respons Que l'on ne m'oste point aussy Marcheville ; « il est fort homme de bien ; et que l'on me laisse aussy Chaudebonne ». Le roy respondit : « Quant à Chaudebonne, je l'ay désia faict arrester, et pour le « regard des deux autres j'adviseray à vous donner contentement. »

et qu'il ne le tient pas pour son amy) et M' de Guise, auquel, aprez avoir conté ce qui s'estoit passé, il laissa en sa direction de venir trouver le roy ou de n'y venir pas.

Incontinent aprez que Monseigneur fut entré chez le roy, on ferma toutes les portes du chasteau, dont les compagnies du régiment des gardes saisirent les avenues, et on envoya quérir par un garde du corps M' de Chaudebonne, qui estoit avec M' le Cardinal de la Vallette chez Mad° de Rohan, M' le Cardinal suivoit M' de Chaudebonne de 4 pas et monta jusques dans la salle des gardes. M' de Chaudebonne estant entré dans la chambre du roy, où Sa Majesté mange, on le descendit en bas avec des gardes par un petit degré en la chambre du capitaine des gardes.

Sur les une heure aprez minuict, chacun se retira de chez le roy. Monseigneur vint à sa chambre et se coucha à deux heures aprez minuict.

A 10 heures et demie le roy avoit envoyé 3 esquadres de sa compagnie de chevaux légers sur les avenues de Fontainebleau, qui arrestèrent tous ceux qui s'en alloient vers Paris et entr'autres un gentilhomme, nommé Vitrol, et un page qui estoient à M' le Maréchal.

Mardi 5. — Deux exemptz des gardes arrestent à Paris en leurs logis Mrs *de Mazargues* et *d'Ornano*, qui furent menez le lendemain à la Bastille, et on sella les papiers de M' le Maréchal d'Ornano.

Le roy escript dans les provinces la prise de M^r le Maréchal d'Ornano, et l'escript aussy à M^r le P. (Premier Président) du Parlement et à M^r le Procureur Général.

Madame la Maréchalle d'Ornano reçoit commandement de sortir de Paris, et le lendemain va à Gentilly.

Le Chevallier du Guet prend et mène à la Bastille Mrs Deagean et de Modène dont il saisit les papiers, M^r de La Coste, enseigne des gardes, envoyé commander à la Bastille, et St Jan, lieutenant de M. de Luxembourg, osté.

Aprez disner M. le Maréchal d'Ornano (ayant couché dans la chambre où avoit couché le Maréchal de Biron) et Mr de Chaudebonne, qui avoit couché dans la chambre de Mr du Hallier, descendirent par le grand escalier dans la cour du Cheval Blanc, en saluant tout le monde et mesmes le roy et la reyne, sa mère, qui se rencontrèrent aux fenestres de la grande gallerye. M. le Maréchal monta dans le carrosse du roy des petitz chevaux Isabelle, et Mrs du Hallay, de Buy (?) et de Vic avec lui. Mr de Chaudebonne monta dans un des carrosses de la reyne et des exemptz et archers avec luy. Les mousquetaires marchoient devant les gens d'armes, les carrosses aprez et puis les chevaux légers. Ils furent coucher à Melun au logis du roy.

Mercredi 6. — 240 soldatz des gardes, 20 de chacune Compagnie commandez par les officiers furent embarquez en 4 bateaux. M. le Maréchal avec Mrs du Hallier, de Buy, Vic, etc., fut mis dans un autre bateau, et M. de Chaudebonne fut mis dans un autre bateau. Toute la cavalerye marchoit le long de la rivière. A Conflans, Mʳ le Maréchal et Mʳ de Chaudebonne entrèrent dans les carrosses et furent menez au bois de Vincennes, dont le roy donna le commandement à...

Le roy faict commander au Chevalier de Jars de se retirer en Normandie.

Jeudi 7. — Le roi faict un second commandement à Madᵉ la Mareschalle d'Ornano de s'en aller en Dauphiné. Elle escript sur cela au roy et à la reyne, sa mère, pour représenter son extrême incommodité de maladie et le désespoir de laisser son mary entre 4 murailles, Mʳ Bretelles reçoit la lettre pour la reyne et la luy baille. Elle la monstre au roy qui ne veult rien changer en sa resollution. — Mʳ de La Ville-aux-Clers dit qu'il parlerait au roy pour sçavoir s'il voudrait qu'il receut la lettre escripte à Sa Majesté.

Le dimanche 10, sur les instances faictes par Monseigneur pour empescher l'esloignement de la Mareschalle, le roy lui accorda qu'elle n'iroit qu'à La Ferté Bernard, à 25 lieues de Paris, à condition que, s'il luy envoyoit ou recevoit de ses nouvelles, il l'envoyeroit en Dauphiné.

Le roy faict commander au Comte de Châteauroux de se retirer de la Cour.

Lundi 11. — Mʳ le Cardinal de Richelieu estant à Fleury, Monseigneur y avoit envoyé ses officiers dez la nuit pour y aprester son disner, voulant faire l'assemblée en ce lieu et puis aller courre un chevreuil.

Le matin, le roi envoya quérir M. le Cardinal, qui estant à Fontainebleau, alla seul avec son escuyer trouver Monseigneur à son lever et luy faire compliment sur ce que, la maison estant assez petite, il la lui avoit laissée libre. Il parla quelque temps à Monseigneur à la ruelle de son lict assiz et couvert, selon la coustume des cardinaux. Ce jour-là mesme, M. le Cardinal alla coucher à la Maison Rouge et le lendemain à Limours.

On fit plusieurs discours sur ce voyage de Fleury, plusieurs croyans que Monseigneur l'avoit faict à dessein ou pour luy faire mal ou pour luy faire peur.

Mardi 12. — M. d'Ouailly, capitaine des gardes de Monseigneur, vint dire à *M. d'Andilly*, aprez beaucoup de civilitez, qu'il avoit commandement de Monseigneur de luy dire qu'il ne vouloit plus se servir de luy, qu'il vouloit qu'il se retirast et qu'il partist dans six heures (il estoit lors midy et demy), M. d'Andilly luy respondit : « Monsieur, vous me surprenez fort ; car j'ai tousiours
« servy Monsieur avec tant de passion et de fidellité que
« j'attendois un traictement tout contraire à celluy que
« je reçois maintenant. Je vous supplie de dire à Monsieur
« que je reçois, avec l'honneur et le respect que je doibs,
« les commandemens qui me viennent de sa part ; mais
« la passion que j'ay pour son service m'oblige à prier
« Dieu qu'il ne luy arrive pas souvent de sy grands
« malheurs que celluy d'esloigner d'auprez de lui un
« aussy homme de bien que je suis. » M. D'Ouailly

répliqua : « Monsieur, je ne manqueray point de dire
« cela à Monsieur et de lui tesmoigner avec quel courage
« et avec quelle constance vous recevez ce commande-
« ment. » M⁽ʳ⁾ d'Andilly respondit : « Monsieur, j'ay bien
« encor plus de fermeté dans le cœur qu'il n'en paroist
« sur mon visage, et, à l'heure que je parle, je mourrais
« avec autant de joye pour le service de Monsieur
« comme vous reconnoissez de tranquillité dans mon
« esprit. Je m'estonne seullement, Monsieur, de ce
« qu'estant dans la galerye (de la Cour du Cheval Blanc)
« lors que Monsieur vous a faict ce commandement, il
« ne m'a pas fait l'honneur de me le dire à moy mesme. »
M. d'Ouailly respondit : « J'en ay supplié Monsieur ;
« mais il ne l'a pas voulu, jugeant, à mon adviz, que vous
« luy répliqueriez. » M⁽ʳ⁾ d'Andilly adjousta : « Monsieur,
« pour ce qui est de partir dans six heures, je ne puis
« pas mesurer mon temps sy juste, n'ayant pas mesme
« mon carrosse icy, et n'estant point du tout préparé
« pour aller à Paris ; mais j'obéiray au commandement
« de Monsieur le plus tost que je pourray. »

Monseigneur fut incontinent aprez, dire au roy et à la reyne, sa mère, le commandement qu'il avoit envoyé au S⁽ʳ⁾ d'Andilly ; ce qu'ilz tesmoignèrent n'aprouver nullement.

Mercredi 13. — M⁽ʳ⁾ d'Andilly part de Fontainebleau à 6 heures du matin et vient coucher à Paris, sans avoir voulu voir ny le roy ny la reyne, sa mère, affin qu'il ne semblast pas qu'il cherchast protection contre Monseigneur, au commandement duquel de partir de Fontainebleau il voulut aussy obéir, bien qu'il n'y fust nullement obligé n'y ayant que le roy qui ayt pouvoir de faire sortir un homme de la Cour.

Jeudi 14. — Mʳ *le Chancelier Haligre* se voulant esclaircir avec le roy sur les bruictz qui couroient qu'on luy ostoit les seaux, et le roy lui tesmoignant qu'il estoit mal satisfaict de luy, particulièrement de ce qu'il avoit dit à Monseigneur qu'il n'estoit pas du Conseil d'arrester le Maréchal d'Ornano (ou qu'il ne l'avait pas sceu), sur ce qu'il respondit qu'il n'avoit point parlé de cela, le roy luy réplicqua : « Vous en avez menti ; car mon frère me « l'a dit, et il est bien plus croyable que vous. »

Madᵉ d'Andilly acouche à Paris, à 3 heures 1/4 du matin, d'une *fille* tenue à St-Médéric, le 25 dudit mois, par Monsieur Zamet, evesque de Langres (et Madame de Combalet) qui la nomma *Marie Magdelaine* et la baptisa dans la chappelle du logis.

Lundi 18. — Mʳ du Temblay entre en possession du gouvernement de la Bastille, dont le roy le pourveut le XIIIIᵉ May par provision, en suitte desquelles il presta le serment le. . . . . entre les mains de M. le Chancelier. Monseigneur demanda au roy ce gouvernement pour luy.

Samedi 23. — Monseigneur arrive de Fontainebleau à 8 heures du matin ; la reyne regnante le lendemain à 4 heures du matin, le roy à 6 heures du soir, et la reyne, mère du roy à 9 heures. On tient que l'instance que Monseigneur faisoit de revenir à Paris fut cause que le roy y revint aussi.

Samedi 30. — Monseigneur va de Paris disner à Limours chez M. le Cardinal de Richelieu, qui disna avec luy. Il luy parla fort et l'entretint aprez-disner; sur les 5 heures, il part.

Monsieur le Prince venoit au mesme temps que Monseigneur y estoit. M^r le Cardinal luy manda qu'il le supplioit d'attendre jusques à ce que Monseigneur fust party. Aussy tost que Monseigneur fust party, il arriva. Le lendemain, jour de la Pentecoste, il alla de bon matin faire ses dévotions en un couvent proche du château, et revint à la messe qui fuct dicte par M^r le Cardinal, lequel n'avoit point soupé avec luy, s'excusant sur ce qu'il se trouvoit mal. Le soir, au bout de 24 heures qu'il fut venu, il partit pour retourner à Dijon, d'où il estoit venu (à cause du procez qu'il y avoit), tesmoignant très-grande estime de M^r le Cardinal et grande affection au service du roy, auquel il escrivit une lettre fort soubzmise, et dont Sa Majesté fit paroistre recevoir grand contentement.

JUING

Lundi 1er. — M^r de La Ville aux Clers va demander les seaux de la part du roy à *M^r le Chancelier Haligre* (qui respondit en les baillant : Le roy m'a faict; il m'y peult deffaire), et luy porter commandement de partir deux jours aprez pour se retirer en sa maison à la campagne (ce qu'il fit).

Le roy donna les *seaux* à l'heure mesme à Mᵣ *de Marillac*, surintendant des finances, aprez avoir sellé sa commission.

Le roy avoit dit le jour d'auparavant à Mʳ le Chancellier qu'il seroit devant luy à Blois et qu'il avoit donné ordre qu'il y seroit bien logé.

Mardi 2. — Le roy et les reynes partent pour aller à Blois. Monseigneur demeure à Paris jusques au vendredy 5, qu'il alla en poste coucher à Orléans.

Le Marquis de Praslain faisant semblant à Paris de tirer la layne pour se donner du plaisir, s'adressa un soir au *Baron du Ber* (frère du Marquis de Vardes), lequel il ne cognoissoit pas et qui ne voulut point prendre cela en raillerye; car le roy estant à Blois, il partit de Paris en poste, fit appeler le Marquis de Praslain par . . . . et se battit contre luy dans la forest de Blois.

Mardi 9. — Mʳ *D'Effiat* faict à Blois le serment de *surintendant des finances*. Ses commis furent Mʳ Bardin pour les affaires de l'espargne; Mʳ Le Loyer pour celles de la guerre; Mʳ Lavocat (qui estoit à Mʳ de Castille) pour les fermes; Martin pour les adviz; et le fils de Mʳ Ferrier pour son secrétaire.

Auparavant le changement des seaux, on tenoit la surintendance asseurée à Mʳ D'Effiat. Lorsque les seaux furent changez, ceste affaire fut traversée à cause de l'aversion que le roy y eut, et on la croyoit rompue. Mr de Sully y eut grand dessein ; enfin l'affaire fut racommodée.

Le roy fit semblant durant 8 jours de ne rien sçavoir de ce combat,[1] affin de les faire prendre, s'ilz revenoient à la cour, et puis donna à M^r le Premier la charge d'un des lieutenants du roy au gouvernement de Champagne et le gouvernement de Troyes, qu'avoit le Marquis de Praslain.

Jeudi 11. — Mr de Vendosme arrive à Blois [2], accompagné de M^r le Grand Prieur, son frère, qui l'estoit allé quérir et l'avoit faict résoudre à venir, aprez avoir veu M^r le Cardinal de Richelieu à Limours, d'avec lequel il s'estoit fort bien séparé. Le roy leur fit très-bonne chère.

Samedi 13. — Mr de Vendosme et M^r le Grand Prieur estant logez dans la Cour du chasteau de Blois en deux chambres, qui estoient l'une dans l'autre, Mr du Hallier et M^r le Marquis de Mosny capitaine des gardes, entrent à 2 heures 1/2 du matin. Mr du Hallier va au lict de Mr de Vendosme, et M^r le Marquis de Mosny à celuy de M. le Grand Prieur, et leur font commandement de la part du roy de s'habiller et de les suivre ; et ainsy ils les menèrent par eau à Amboize

---

1. (Du Ber contre Praslain).
2. Voy. P. *Griffet*, T. 1er, p. 501.

sur les 7 heures, et n'arrivèrent que le soir. Les gens d'armes, chevaux légers et mousquetaires les accompagnoient, 2 compagnies de Suisse et 2 du régiment des gardes dans des basteaux.

Dimanche 14. — Mr le Marquis de Lagny arrive à Paris et rend des lettres du roy à Mr le Comte de Soissons et à Mr de Longueville, par lesquelles Sa Majesté leur donne adviz de l'arrest qu'elle avoit faict faire de la personne de Mr de Vendosme.

Mr le Comte et Madame la Comtesse tesmoignèrent un extresme desplaisir de la prise de Mr le Grand Prieur, qu'ilz ayment extrêmement.

Environ 17. — Mr de Longueville part pour aller à la Cour.

Mr d'Elbeuf s'y en alla aussy. Il estoit très-mal avec ses beaux-frères. Mr de Nevers ne bouge de Paris.

Gouvernement de Bretagne donné à Mr le *Maréchal de Themines*.

Mercredi 17. — Un gentilhomme, de la part du roy, apporte des lettres à Mr le Comte de Soissons, par lesquelles Sa Majesté luy mande de demeurer à Paris, pour y prendre soing des affaires qui regardent son service, suivant l'ordre qu'elle donne pour ce subject à ceux de son conseil, qu'elle y a laissez, ausquelz Sa Majesté en escript.

Environ 19. — Mr de Longueville va de Paris à la Cour et en revient peu de jours aprez.

Dimanche 21. — Madame la Duchesse de Longueville accouche à Paris d'un filz.

Mardi 23. — M^r le Duc de Rais arrive à Blois et achève entièrement le traicté de Belisle, qu'il vend au roy un million de livres. — Le roy lui fit fort bonne chère. M^r le Duc d'Halluin, M^r de La Rocheguyon et M^r le Général des Gallaires furent au-devant de lui et l'amenèrent.

Samedi 27. - Le roy arrive à Tours.

Lundi 29. — Le roy va à Saumur.

JUILLET

Mercredi 1er. — Le roy va aux Pontz de Cé, le lendemain à Ingrande, et le vendredy 3 à Nantes.

Jeudi 9. — Mr de Chalaiz [1], Me de la Garde robbe du roy, arresté prisonnier à Nantes par M^r le Grand Prevost. Depuis la prise de M. le Maréchal d'Ornano, M^r le Grand-Prieur avoit plus de pouvoir sur. . . . . que personne, et estoit le principal Conseil. M. le Grand-Prieur estant arresté, Mr de Chalaiz, qui sçavoit tout le secret, estoit le plus puissant auprez de Monseigneur et luy parloit très-souvent et mesmes la nuict. Chalaiz ayant parlé au Comte de Louvigny pour l'engager dans l'affaire, Louvigny le dit au roy et fit mesme voir à Sa

1. Voy. P. *Griffet*, T. 1, p. 505.

Majesté, à une heure aprez minuict, comme Chalaiz parla plus d'une heure à. . . . . sur la terrasse de Blois. Depuis, soit que Challais craignist d'estre découvert ou pour quelqu'autre raison, il traicta, par le moyen de M^r le Chevalier de Vallençay avec M^r le Cardinal de Richelieu, au nom du roy, promettant de découvrir de très-grandes choses, moyennant permission de se desfaire de sa charge ; c. m. livres et la charge de Mestre de camp de la cavallerye légère ; sur cela Madame de Chevreuse ayant parlé à Chalaiz et particulièrement dans le jardin de Blois, il dit qu'il ne sçavoit rien, et, en un mot, ne voulut rien faire de ce qu'il avoit promis. M^r le Cardinal de Richelieu, voyant cela, luy dit qu'il en sçavoit bien davantage que ce qu'il luy avoit faict entendre qui n'estoit quasy rien et lui conta quelques particularitez. Chalais ne tint pas grand conte de cela, de sorte que M^r le Cardinal luy manda par M^r le Chevallier de Valencé qu'il retiroit sa parolle. Challais dit qu'il en étoit très-aise et fut le plus gay du monde. Le lendemain matin, il fut pris, et lors, tout désespéré, il envoya prier par 3 fois M^r le Cardinal de le venir voir ; ce qu'il fit avec M^r le Garde des Seaux, et confessa devant eux de très grandes choses, sans s'en faire presser, et, pour ce qu'il baissoit sa voix pour parler à cause des gardes qui estoient présens, M^r le Cardinal luy dit : « Monsieur, ils sont au roy et gens de bien ; parlez « hault, s'il vous plaist », et ainsy le fit parler hault. Aprez il fut interrogé par 5 commissaires ausquelz il en dit encor davantage. La Chambre, pour le juger, estant composée de Mr le Garde des Seaux, M. de Cussé, 1er Président du Parlement de Bretagne, des 2 présidents dudit Parlement, de 10 conseillers choisiz dans ledit Parlement, et de 3 Maîtres des Requêtes. . . . . On amena le Comte de Louvigny pour le confronter à M. de Challais, auquel ayant esté demandé s'il le cognoissoit, il dit en riant : « Sy je le cognois ? Vraye-« ment oui, je le cognois. C'est le plus honeste homme « que j'aye veu depuis que je suis icy. » Sur quoy les commissaires luy ayant dit qu'il répondist sérieusement s'il le cognoissoit pas pour gentilhomme et pour homme de bien, il dit : « Ouy, je le cognois pour tel, et de plus « pour mon amy. » Aprez, on luy leut la déposition du Comte de Louvigny, laquelle ayant ouye, il dit à Louvigny : « Je te prie que ce que tu as déposé ne te « donne point de peyne en l'esprit ; car j'en ay avoué « dix fois davantage que tu n'en as dit », et là-dessus embrassa fort Louvigny. Depuis, ayant esté interrogé par deux diverses fois sur la sellette, il persista en tout ce qu'il avoit dit, sans en diminuer un mot ; et puis son arrest luy fut leu qui portoit : tiré à 4 chevaux, dégradé question ordinaire et extraordinaire, etc.

Lorsqu'on le mena dans la chambre où estoit préparée la question ordinaire (qui est plus rude que l'extraordinaire à Paris) et qu'il vit un grand brasier, sur lequel on le debvoit rouler ayant les jambes graissées de souffre et . . . . que l'on appelle donner les brodequins, pour ce que cela s'enflamme tout à l'heure et grille les jambes, il devint pasle, tumba en s'appuyant contre la muraille, et devint sy faible qu'il luy fallut donner du vin. Aprez, il dit qu'il estoit très-résolu à la mort ; mais qu'ayant dit génerallement tout ce qu'il sçavoit, c'estoit une chose bien cruelle que de luy vouloir donner la question ; sur quoy les Commissaires luy ayant représenté que n'y ayant plus de vye à espérer pour luy, il estoit obligé de descharger sa conscience, il dit avec très-grands sermens qu'il vouloit que Dieu ne le receust point en paradis, s'il sçavoit autre chose que ce qu'il avoit dit. Lors les juges luy dirent que le roy luy remettoit ceste peyne, et, qu'au lieu d'estre tiré à quatre chevaux, il auroit seulement la teste tranchée. Sçachant cela, il fut tousiours depuis extrêmement résolu à la mort, et, s'estant confessé à un Minime, il se remit entièrement entre ses mains et fit génerallement tout ce qu'il voulut. Ayant prié ce minime d'aller asseurer sa mère qu'il mourroit en bon chrestien, et le Minime luy ayant dit qu'il ostast de son esprit toutes sortes de soings, et qu'aprez sa mort il ne mancqueroit de dire à Madame sa mère tout ce qui se seroit passé ; il luy réplicqua qu'il ne cognoissoit pas l'esprit de sa mère, qu'elle ne croiroit rien de tout ce qu'on luy diroit aprez sa mort, estimant que ce seroit seullement pour la consoler, mais qu'elle croiroit ce qu'on luy diroit maintenant, et que, pourveu qu'elle sceust qu'il mourroit chrestiennement, elle seroit consolée. Ainsy le Minime y fut, et Madame de Chalaiz (fille du Maréchal de Monluc) fut sy courageuse qu'elle vouloit aller assister son filz à la mort.

Mr de Chalais allant au supplice à pied, suivant la coustume de Nantes, il dit au Père Minime qu'il craignoit, rencontrant nombre de ses amiz et se trouvant ainsy exposé à la veue du public, de tesmoigner de la faiblesse; sur quoy le Père Minime luy ayant respondu qu'il ne fallait plus du tout envisager les choses du monde, mais Dieu seullement et prier simplement ceux qu'il rencontreroit de prier Dieu pour luy, il dit qu'il estoit vray, qu'il se résignoit entièrement entre ses mains pour le conduire en paradis, et marcha fort courageusement et avec grande humilité, qui est ce que son confesseur luy avoit le plus recommandé; et mesme, pour ce subject, il dit qu'il vouloit bien estre lié encores qu'autrement il ne seroit pas nécessoire pour ce qu'il ne remueroit point en tout. Estant venu à l'eschafault et sachant que celuy qui le debvoit exécuter estoit un criminel qui, pour sauver sa vye entreprenoit ceste charge (à cause que Monseigneur avoit faict retirer de Nantes tous les bourreaux et archers), il luy dit qu'il s'ajustast bien, pour ce qu'il n'estoit pas acoustumé à ce mestier là et pria le Minime qui luy tenoit la main de se retirer, de peur que cet homme ne le blessast. Ayant receu 4 coups, il tumba; le Minime, le croyant mort, luy prit la teste et le releva, et, luy voyant les yeux ouvertz, il luy dit: « Sy vous avez encor quelque

« cognoissance, témoignez-nous que vous pensez à
« Dieu. — Lors il dit: *Jesus Maria* » et puis receut de
ce misérable bourreau jusques à 19 coups.

On dit que Madame de Chalais, sa mère, enseuelit
elle-même le corps, qui fut enterré aux Minimes. Force
gens furent à l'enterrement, et entr'autres M^r le Comte
de Cramail, qui s'appelloit Monluc, qui assista fort
Mr de Chalaiz.

Ce jour de son exécution fut *le 19 Aoust*.

Le roy remit toutes les peynes de tiré à 4 chevaux,
degradé, etc., remit la confiscation à la mère et enfans,
et luy donna mesme XL m. livres sur le prix de la charge
de maître de la Garde-robbe.

Samedi 11. — Estatz de Bretagne ouverts à Nantes.
M^r le Garde des Seaux harangue et M^r l'Evesque de
Rennes.

M^r le duc de *Bellegarde* mis auprez de Monseigneur.

Monseigneur esloigne M. de *Puylaurens* et *Boisda-
nemets*, sachant que le roy n'avoit pas agréable qu'il
les gardast, et puis ayant faict dire au roy qu'il les avoit
esloignez et qu'ilz ne se mesleroient jamais de luy parler
d'affaires, s'il avoit agréable qu'il les rappelast ; le roy
le trouva bon, et ainsy il les rappela.

Mercredi 14. — La Frette et Bouteville eurent querelle.
Bouteville refusa de se battre. La Frette l'apella poltron
dans le logis du roy. Le roy envoya quérir Bouteville, le
loua de ce qu'il avoit refusé le combat. La Frette se sauva.

Le roy donna c. m. livres récompense à M. de Sourdeac pour le gouvernement de Brest et y mit M^r de La Coste.

AOUST

Samedi 1er. — Le *Parlement* ayant ordonné par *arrest* quelque temps auparavant qu'ez assemblées de Sorbonne il ne se pourroit trouver que deux *docteurs* de chasque ordre de *Religieux*, et estant adverty par le Sr Fillesac qu'en une assemblée, qui se tenoit ce jour-là, il y en avoit davantage, il y envoya Mrs Fortia et Pidoux, conseiller de la Grand Chambre avec huissiers et desf... ce que les religieux sachans, ilz se retirèrent en grand désordre.

Dimanche 2. — Mr *Tronson* reçoit commandement du roy de partir de la Cour dans deux heures et de se retirer en Beausse, à la maison de Mr Seve, son beau-père. Le roy donne à Mr Lucas la charge de Secrétaire du Cabinet. Sauveterre reçoit aussy commandement de se retirer.

Marsillac mis *prisonnier* à Ancenis. Gouvernement de *Sommiers* donné à *La Mothe-Serillac*.

La cause de tout cela vint de ce que M. Tronson et Sauvetière et Marsillac estans très-bons amiz, ilz résolurent de travailler à empescher le mariage de Monseigneur avec Mademoiselle de Montpensier. Sauvetière prenant donc son temps à propos, dit au roy qu'il se passait beaucoup de choses importantes à son service, dont on ne le pouvoit advertir à cause qu'il n'en donnoit pas l'occasion et que l'on observoit tous ceux qui parloient à luy. Le roy, voulant sçavoir que c'estoit, luy commanda de le luy dire. Sauvetière commencea à dire quelque chose touchant le mariage de Monseigneur et puis adjousta : « Sy vous en voulez sçavoir davantage, « vous avez bien prez d'icy un homme très-fidelle et « qui vous informera de tout, qui est Mr Tronson. » Sur cela, le roy l'envoya quérir. Il vint et entretint le roy fort au long contre le mariage, et luy donnant de grandes jalousies du crédit de la reyne, sa mère, et de M^r le Cardinal. En suitte de cela, la reyne ayant à l'ordinaire parlé au roy du mariage, demandant quand il vouloit qu'on l'achevast, il respondit : « Nous verrons ; « il n'y a rien qui presse. » La reyne cognut à cela qu'il y avoit du changement dans son esprit, joinct qu'il estoit fort resveur et d'ailleurs M^r le Cardinal, voyant qu'il avoit changé quelque chose en une resolution prise au Conseil, luy vint dire qu'il voyait bien qu'il avoit un autre Conseil que celluy de ses ministres et qu'il le supplioit très humblement de luy permettre de se retirer, et de faict s'en alla coucher à 4 lieues de là. La reyne mère dit aussy au roy qu'elle s'en voulloit aller hors . . . . . puisque, nonobstant l'extresme passion qu'elle tesmoignoit pour sa personne et pour son service, il avoit sy peu de confiance en elle et aux personnes dont il avoit receu tant de preuves de fidellité.

Le roy sur cela s'ouvrit le cœur, dit tout ce qui s'estoit passé de Tronson, le chassa et tesmoigna plus d'affection et de confiance que jamais à Mʳ le Cardinal.

On dit que Marsillac, dans l'effect de la susdite caballe, avoit parlé à la reyne régnante et luy avoit baillé des mémoires contre le mariage, lesquelz elle avoit monstrez et baillez au roy.

Jeudi 6. — Monseigneur espouse à Nantes, Mademoiselle de Montpensier. Mʳ le Cardinal de Richelieu les fiança et espousa.

Mecredi 19. — Mʳ de Chalaiz a la teste tranchée à Nantes. Vide supra. Monseigneur en tesmoigna un extresme desplaisir, sortit de Nantes et n'y rentra point depuis.

Madame de Chevreuse fut esloignée de la Cour, et Mʳ son mary l'envoya en la Cour de Lorraine.

Mʳ le Comte de Soissons part de Paris et va à . . . . .

SEPTEMBRE

Mardi 1ᵉʳ.-

Mecredi 2. — Mʳ *le Mareschal d'Ornano* meurt au bois de Vincennes. Il fut ouvert en présence de plusieurs médecins et chirurgiens. On trouva qu'il avoit la ratte sy petite que ne pouvant attirer toute la melancholie, ceste humeur se respandoit dans la masse du sang; qu'il avoit un poulmon entièrement gasté, et tout cela avoit esté acompagné d'une grande rétention d'urine. S'estant trouvé aussy. . . . .

Le roy accorde le corps à Madame la Mareschalle d'Ornano, qui le fit emmener à. . . . . avec cérémonie.

Le roy d'Angleterre ayant quelque temps auparavant renvoyé tous les François, M⁺ le Maréchal de Bassompierre y va ambassadeur extraordinaire ; fut fort mal receu.

Marquis de Mosny meurt à Orléans ; le roy donna sa charge de l'escuyer de la reyne à M⁺ du Hallier, Caen à M⁺ de Tresmes et charge de capitaine des gardes à. . . .

Mort du Cardinal de Marquemont ; l'archevesché de Lyon donné à M⁺ d'Angers (Miron) ; Angers donné à M⁺ de Bayonne (Ruzé) et Bayonne au filz de M⁺ de Béthune.

M⁺ le Comte va à Thurin.

M⁺ le Cardinal de Richelieu a le gouvernement du Hâvre de Grâce et le Pont de l'Arche. On donne pour récompence à M⁺ de Villars la lieutenance générale de Normandie et Honfleur (qu'avoit eu le Maréchal d'Ornano).

M⁺ le Cardinal vend Limours VII c. m. livres à Monseigneur avec tous les meubles.

Le roy donne. . . . . gardes à M⁺ le Cardinal.

Lundi 28. — M⁺ le Connestable de Lesdiguières meurt. M⁺ le Maréchal de Créquy demande gouvernement de Picardie, charge de Maréchal général de Camp, pension de LX m. livres sur le sel en Dauphiné, compagnies de gens d'armes et gardes entretenues.

OCTOBRE

Jeudi 1ᵉʳ.

Dimanche 4. — Mʳˢ de Vendosme arrivent au bois de Vincennes. Mʳ de Tresme les amena d'Amboise. Il avoit gens d'armes et chevaux légers du roy et 300 mousquetaires à cheval avec quelques gentilzhommes du pays. Ilz estoient en 2 carrosses séparez, ne se virent point du tout, envoyoient courreurs devant et marchoient avec grand ordre, vinrent le mardy coucher à Blois, dans le Château, le mercredi à Romilly, château, jeudy à. . . . petite ville; vendredy à Dourdan, samedy à Choisy-sur-Seyne, et le dimanche au bois de Vincennes.

Mʳ de Chastelnau mis pour commander au bois de Vincennes, et Mʳ de La Mont, son lieutenant, avec 300 soldatz du régiment des Gardes.

Mʳˢ de Mazargues et. . . . . . eslargiz de la Bastille par arrest du Conseil. Mort de Mʳ des Portes Baudouin, intendant des finances.

NOVEMBRE

Mʳ le duc d'Haluin ayant eu brouillerye à table à Versailles sur un biscuit contre Cressiac, et le roy disant sçavoir bien que, dans sa chambre et derrière sa chaire, le soir mesme, Mʳ de Lyancour avoit appellé Cressiac pour s'aller battre à l'heure mesme au clair de la lune, 10 pas hors le château, Mʳ de Vic servant de second à Mʳ de Cressiac, Sa Majesté osta la charge de Premier gentilhomme de la Chambre à M. de Lyancour, la donna à Mʳ le Maréchal de Schomberg, à condition que Mʳ de Lyancour ne pourroit jamais l'avoir et bannit de la Cour lesdits Mʳˢ d'Haluin et de Lyancour, qui partirent de Paris le 19 pour aller à Lyancour.

Le 18 on sceut que la reyne, qui se croyoit grosse de 14 jours, ne l'estoit pas.

Lundi dernier. — Messe du St-Esprit à Notre-Dame pour préparer à l'ouverture de l'assemblée des notables. Le roy y estoit et Mʳ de Nantes prescha. Les notables y estoient aussy.

DECEMBRE

Mercredy 2. — Ouverture de l'Assemblée des Notables dans la salle des Thuilleries.

Le roy parla ; Mʳ le Garde des Seaux, Mʳ le Maréchal de Schomberg, Mʳ le Cardinal de Richelieu et Mʳ le Premier Président du Parlement de Paris ; chacun demeura d'accord que Mʳ le Cardinal de Richelieu fit merveilles de bien parler.

Mercredi 2. — Le roy commande à *Baradas* de se retirer, et quelques temps aprez tesmoigna affection pour St Simon, sorty de page de l'escurye, l'ayant présenté à la reyne, sa mère, et dit qu'il la prioit de l'aymer pour l'amour de luy.

Baradas eut permission de vendre au jeune Mʳ de Humières la charge de premier gentilhomme de la chambre, moyennant c. m. livres (ou écus ?), lesquelz il debvoit et furent payez à ses créanciers.

Depuis, il bailla ses démissions de 1ᵉʳ escuyer de la petite escurye, lieutenant-général au gouvernement de Champagne et Capitaine de St Germain, et le roy luy donna 11 c. m. livres.

Le roy donna à *St Simon* la charge de 1ᵉʳ escuyer et la Capitainerie de St Germain.

Vendredy 5. — L'assemblée des notables commence à tenir, Monseigneur y présidant et ayant daiz, son Capitaine des gardes et son secrétaire estans derrière luy.

Comme l'on eut opiné, Monseigneur recueillant les voix dit : « La voix du clergé va là ; celle de la noblesse, « là, et celle de Mʳˢ des Cours Souveraines, là. » Sur quoy le Président Mazurier, 1ᵉʳ président de Thoulouze, lequel présidoit (à cause que le 1ᵉʳ Président de Paris n'y estoit pas) s'offencea fort, disant que l'on debvoit compter par teste et non par corps. Monseigneur luy commanda de se remettre en sa place et dit qu'il feroit fort bien obéir le roy.

Cette contestation d'opiner par teste ou par corps a esté longuement et opiniastrement agitée. Les raisons du clergé et de la noblesse sont que le corps des officiers est plus fort en voix que les deux leur ensemble, ce qui n'estoit pas à l'Assemblée de Rouen.

Les officiers au contraire dient que, faisant 3 corps, on les feroit passer pour tiers estat ; ce qu'ilz ne peuvent souffrir, les corps du parlement estans composez des 3 ordres, et que, pour empescher qu'ilz ne soient plus fortz de voix, on peult prendre davantage d'ecclésiastiques et de gentilzhommes.

Le roy résolut sur cela que, dans les affaires moins importantes, ils opineroient par teste, et que, quand Sa Majesté le voudroit, sur des affaires importantes, elle prendroit leurs opinions selon les corps.

Quand c'est une proposition de guerre, la noblesse commence à opiner et commence par le plus antien, excepté les maréchaux de France. Aprez, les officiers opinent, et le 1er Président de Paris commence, et en suitte tous les 1ers Présidens et puis les Procureurs généraux et Lieutenant Civil, puis la Chambre des Comptes, puis la Cour des Aydes ; aprez, les Présidens de l'Assemblée, puis Monseigneur.

Quand c'est une proposition de justice ou de finance, le 1er Président de Paris commence, et le reste suit comme dessus ; aprez, la noblesse opine à commencer au bout d'embas ; puis le clergé à commencer du bout d'embas ; puis les Présidens de l'Assemblée, puis Monseigneur.

Quand c'est une proposition pour le clergé, il parle le premier, puis la noblesse, puis les officiers.

Hallier.	Vignolles.	Gal des Galaires.	Tresme.	Sourdéac.		Chauvallon.	Cramail.	Tillières.	Fossez.

o Mr GOULAT, secrétaire.

o Mr D'OUAILLY, capitaine des gardes.

o MONSEIGNEUR.

o Gal de la Valette.
o Ml de La Force.
o Ml de Bassompierre.

Banc couvert de drap d'or

o o o o   o o o o

BANC DES ECCLÉSIASTIQUES

- Ev. de Bourges, Frémior.
- Arch. de Rouen, Chauvalon.
- Arch. de Sens, Retz.
- Arch. de Paris, Myron.
- Arch. de Lyon, ou seul) év. d'Anger
- Ev. de Montpelli. Fenouillet.
- Ev. de Beauvais, Potier.
- Ev. de Chartres, Valencé.
- Ev. de Bayonne, Rusé.
- Ev. de Nimes, Thoiras.
- Ev. de Senlis, Sanguin.

o Secrétaire ARDIS.

Escabeau drap d'or.

Table tapis de Turquie.

o VERDUN.
o 1er P. Parlement, Paris.
o OZEMBRAY.
o 2. P. Parlement, Paris.
o MAZUIER.
o 1. P. Pr Thoulouze.
o Grenoble, Gouragues et Frère.
o 1ers Prs Bordeaux et mort.
o 1er Pr Dijon, BRULARD.
o 1er Pr Bretagne, CUSSÉ.
o 1er Président Parlement, Pau.

o CHEVRY au lieu du 1er Présidt de la Ch. des Comptes de Paris.
o
o Pr Général Ch. des Comptes de Paris, GIRARD.
o Pr Général Ch. des Comptes de Rouen.

o Lieutenant civil de Paris, DE BAILLEUL.

Procureurs Généraux des dits Parlements.

Deux huissiers du Conseil aux deux portes avec chaînes d'or et bonnetz de velours

Quand il se fallut asseoir la première fois à l'Assemblée aprez l'ouverture, les Chevaliers du St-Esprit prirent place selon leur réception, et ceux qui ne l'estoient point déférèrent entr'eux à Mr de Chauvallon, à cause de son âge. Le Comte de Cramail marcha aprez, et quand ce vint à Mrs de Tillières et de Fossez, Mr de Fossez voulut cedder au Comte de Tillières, encores qu'il fut conseiller d'estat quelques années avant luy. Mr de Marillac, choisy pour estre notable, estant arrivé de Champagne, prétendit précéder l'un et l'autre comme estant plus antien Conseiller d'estat, et le gagna par le jugement du roy ; ce qui fut cause que Mrs de Tillières et de Fossez ne retournèrent plus à l'Assemblée.

Sur la dispute qui avoit esté entre les 1ers Présidens des Parlements de Bourdeaux et de Daulphiné touchant la préséance, le roy commit tous les autres premiers Présidens pour les juger ; ils advisèrent qu'ilz précéderoient alternativement.

Ledit 5. — M^r le Maréchal de Schonberg vint à l'Assemblée, se mit comme ministre, au banc des Présidens, proposa des réglemens pour les gens de guerre, discourut sur ce subject, et, aprez que M^{rs} les Notables eurent parlé, respondit aux objections, et, sur ce quelqu'un des officiers dit qu'il faudroit voir à loisir ces réglements proposez, il fut advizé que l'on en bailleroit copie à chaque corps.

En suitte de la desfaveur de Baradas, Mr de Blainville,

1ᵉʳ gentilhomme de la Chambre, eut commandement de se retirer en Normandie.

Madame la Marquise de Maulny (qui, quelques mois auparavant, avoit esté esloignée par le roy d'auprez de la Reyne, sa femme), venant à Paris et parlant à la dite dame Reine, le roy luy fit faire commandement de sortir de Paris.

Lundi 14. — Le roy faict commander à Mʳ le Marquis de Rouillac de se retirer; il estoit fort bien auprez de Monseigneur, mais fort hay de Madame.

TIRÉ A VINGT-CINQ EXEMPLAIRES

PAR MALVANO, IMPRIMEUR

A NICE

Décembre 1905

NICE — IMPRIMERIE ET LITHOGRAPHIE MALVANO, RUE GARNIER, 1

JOURNAL INÉDIT

DE

ARNAULD D'ANDILLY

(1627)

JOURNAL INÉDIT

DE

ARNAULD D'ANDILLY

JOURNAL INÉDIT

DE

ARNAULD D'ANDILLY

1627

PUBLIÉ D'APRÈS LE MANUSCRIT AUTOGRAPHE

PAR

EUGÈNE HALPHEN

ET

JULES HALPHEN

PARIS
CHAMPION, LIBRAIRE-ÉDITEUR
Quai Malaquais, 7

1906

A BERTHA EUGÈNE HALPHEN

10 Décembre 1906

Le *Journal* d'Arnauld donne pour l'année 1627 de nombreux renseignements qui ne sont ni dans les historiens ni dans les Mémoires du temps. Il est curieux de voir Arnauld, qui n'était pas homme d'épée, décrire avec complaisance les circonstances de duels horribles et les détails d'opérations militaires. Il est toujours bien renseigné et clair.

La publication de ce journal était difficile ; l'écriture très fine est souvent illisible. Mlle Perret a bien voulu se charger de la pénible collation du texte et nous avons la conviction d'offrir aux curieux de l'histoire un texte certain. Nous avons remplacé par des points les mots illisibles. Il y a dans le manuscrit un assez grand nombre de phrases incomplètes et de blancs qu'Arnauld espérait probablement remplir plus tard ; nous avons indiqué par une note ces phrases et ces blancs. Notre publication est donc la reproduction aussi exacte que possible de l'autographe d'Arnauld. J'ai renvoyé par des notes au bas des pages aux Mémoires contemporains. L'exactitude des récits d'Arnauld est prouvée par sa conformité avec les récits des autres écrivains et permet d'affirmer l'exactitude des détails qui ne sont pas ailleurs.

Les Mémoires auxquels je renvoie sont tous compris dans la collection Michaud et Poujoulat. Pour les renvois à l'excellente et impartiale *Histoire de Louis XIII* par le P. Griffet, je me suis servi de l'édition en trois volumes in-quarto, 1758, Paris. Arnauld indique souvent les personnages par leur dignité : l'évêque de Nantes, etc. J'ai cru devoir donner par une note le nom du personnage afin de permettre de le trouver, s'il en est besoin.

L'assistance de Mlle Perret m'a été très utile pour ces renvois ; je l'en remercie sincèrement.

JOURNAL INÉDIT
DE
ARNAULD D'ANDILLY
1627

(Bibl. de l'Arsenal. Le *Journal d'Arnauld* occupe les N°⁸ 5178 à 8185.)

JANVIER

Vendredi 1ᵉʳ.

Samedi 2. — Mʳ l'Evesque de Nantes [1] va en Sorbonne avec une lettre de cachet du roy, par laquelle Sa Majesté leur mandoit qu'elle vouloit être informée de la manière dont s'estoit passée la censure de ladite faculté contre Santarel [2], et que chacun dist avec liberté ce qu'il en sçavoit. Sur cela on opina, et de 74 docteurs il y en eut 57 qui signèrent un acte de désaveu de la dite censure; l'original duquel Mʳ de

---

[1] Philippe II de Cospeau; c'est le célèbre Cospeau né en 1568, d'abord évêque d'Aire, puis de Nantes en 1622, puis de Lisieux en 1636, mort en 1646.
[2] Antoine Santarel, jésuite, théologien, auteur d'un livre qui fut consacré par plusieurs facultés de théologie. Voir les détails de cette affaire, *Histoire ecclésiastique* de M. Du Pin, et dans le *Recueil* d'Edmond Richer, Paris, 1629.

Nantes emporta au roy, qui le fit mettre entre les mains de Mʳ le Nonce, et depuis, le Parlement fulmina, donna nouveaux arrestz pour maintenir la susdite précédente censure, etc...

Jeudi 7. — Bouteville[1] et Bachois se battent à 4 h. 1/2 du soir auprez de Poissy contre La Frette et Doinville, à l'espée seulle. Bouteville *passe sur La Frette;* ilz viennent aux prises. On dit que La Frette estoit dessus et qu'il estrangloit Bouteville. Bachois, ayant aperceu qu'ilz estoient aux prises, se précipita un peu, et, passant sur D'Oinville, D'Oinville fit une demye quarte et luy donna de l'espée jusques aux gardes, puis alla pour séparer La Frette et Bouteville. Bachois, qui à peyne se pouvoit soustenir, va, l'espée à la main, aprez d'Oinville, lequel se retournant et donnant de son espée contre celle de Bachois le fit par le bransle de ce petit coup tomber roide mort à terre. La Frette et Bouteville estans séparez par D'Oinville, ilz furent quelque temps à résoudre ce qu'ilz avoient à faire, La Frette et d'Oinville voulant emmener Bouteville avec eux jusques en lieu de seureté, et Bouteville ne voulant pas abandonner le corps de Bachois qu'il avoit nourry page et qui estoit un des plus adroictz garsons de France. Enfin tous 3 ensemble mirent le mort sur le cheval dudit Bachois et le furent

---

[1] Le récit d'Arnauld complète le P. Griffet qui ne fait qu'indiquer le duel. Voy. *P. Griffet,* t. I, p. 539.

cacher dans la forestz, jusques à ce qu'un carrosse arrivé le soir avec 6 chevaux blancz l'emmena.

Le Vendredy, le roy envoya donner adviz à Mʳ le Procureur Général de ce qui s'estoit passé, affin qu'il en fist faire justice. En mesme temps Mʳ le Procureur Général entra dans le Parlement et obtint arrest portant sur la notoriété . . . . . contre les vivans et que le corps du mort seroit déterré et amené aux prisons[1] . . . . . .pour son procez luy estre faict et parfaict. Lors que le roy sceut le combat, il dit : « Bouteville n'est pas « homme de parolle; car il m'avoit dit que, s'il se bat« toit contre La Frette, il le tueroit franc. » On dit qu'il dit aussy : « Les nostres n'ont pas eu du . . . . . », et cela, à cause que Monseigneur ayme fort Bouteville et luy donne IIII m. livres de pension.

Vendredi 15. — Mʳ *de Flamières*, frère de celluy tué à Royan, achepte c. m. livres de Baradas la charge de 1ᵉʳ *Gentilhomme de la Chambre.*

Environ la fin du mois, Mʳ de St Luc traicte de *Brouage.* Le roy luy donne pour récompence charge de maréchal de France — lieutenance Généralle de Guyenne qu'avoit le maréchal de Themines Ste Foy avec la survivance dudit gouvernement pour son filz et L. m. livres.

Le roy donne le gouvernement de Brouage à la reyne,

---

[1] Ici un espace en blanc dans le manuscrit.

sa mère, et la lieutenance à M^r le Cardinal de Richelieu, lequel achepta de M^r de St Luc toutes les rentes et domaines qu'il avoit au dit Brouage.

Mr de Chetain St Géran est *tué* en Bourbonnois en duel de 4 contre 4.

L'affaire *de Brouage* comme conclue. — Depuis il s'y rencontra quelques difficultez. Au commencement on tient qu'elle se traictoit par M^r le Cardinal de Richelieu avec dessein de l'avoir pour luy, mais que sur ce que le roy parla d'y mettre M. de Beaumont, l'affaire changea de place, et ainsy elle s'acheva depuis sous le nom de la reyne, mère du roy, qui establit M^r le Cardinal son lieutenant général dans Brouage, Oleron et toutes les dépendences dudit gouvernement, pour lequel on bailla à M^r de St Luc une charge de Maréchal de France (dont il fit le serment le 19 Mars), la lieutenance génerálle de Guyenne qu'avoit M^r le Maréchal de Themines Ste Foy avec Survivance pour son filz et C. m. livres. Outre cela, M^r le Cardinal achepta de luy toutes les rentes et autres engagemens qu'il avoit en Brouage.

Dimanche 20. — *Mr de Castille* est restably en la charge *d'Intendant* des finances, moyennant le payement de sa taxte de II c. m. livres. Dispute entre Mr Mallier et luy pour préséance, Mr Mallier alléguant l'exemple de M^r des Portes Baudouin, et de luy-mesme qui ayant esté restabliz avoient ceddé à Mr Tronson. —

Mʳ de Castille respond qu'ayant esté Contrôleur général, intendant longues années avant Mʳ Mallier, son brevet portant un simple restablissement et l'exemple de Mʳ Tronson ne pouvant tirer à conséquence à cause de la faveur qu'il avoit, il doibt estre maintenu en sa préséance. Il fut jugé en faveur de Mʳ de Castille.

Mercredi 24. — *L'assemblée des notables* estant *finie* le [1] . . . . . , et le cahier signé par Monseigneur et Mʳ le Cardinal de La Vallette, Monseigneur fut faire le remerciement au roy, au nom de l'assemblée. Ilz parlèrent tous deux sy bas que personne quasy ne les entendit.

FEBVRIER

Samedi 26. — Mʳ *le Marquis de Rouillac*, au lieu de s'en aller suivant le commandement qu'il en avoit receu du roy demeurant dans Paris, vestu en Flamen et changeant souvent d'hostellerye est pris par le lieutenant du Chevallier du Guet, mené chez le lieutenant civil et à XI heures du soir *à la Bastille* avec 4 de ses valletz.

Vendredi.

---

[1] En blanc dans le manuscrit.

MARS

Vendredi 5. — Le Comte de La *Rocheguyon* ayant dit à Mʳ de Gordes qu'il avoit veu un pasquin où ilz estoient bien mal menez tous deux. Mʳ de Gordes le dit au roy, et le roy, parlant de cela en riant à Mʳ de La Rocheguyon, luy fit avouer que Mʳ le *Général des Galaires* luy avoit monstré ce pasquin, que Mʳ de Bussy Lamet l'avoit monstré à Mʳ le Général et Cresseau à Mʳ de Bussy. Sur cela le roy envoyant quérir Mʳ le Général, il le désavoua. Le Roy esloigna le Comte de La Rocheguyon; Mᵉ la Marquise de Guercheville dit rages au roy sur ce subject. Mʳ le Cardinal (qui estoit fort mal traicté par ce pasquin) fit la paix du Comte de La Rocheguyon à la prière de Mʳ de Montbazon, Mʳ de Schonberg et autres. Mʳ le Général, pour ne point embarrasser ses amiz, a tousiours nié, et M. le Comte de La Rocheguyon est contraincts d'avouer qu'il a eu un extresme tort d'embarrasser Mʳ le Général.

En ce mesme temps *le Commandeur de Souvré* fut aussy mal auprez du roy et enfin sa paix se refit; mais on dit qu'on luy a osté le IIII m. livres qu'il avoit sur la chambre aux deniers.

Dimanche 7. — Sorel, qui se faict nommer le *Marquis d'O*, mené à la Bastille [1], accompagné de la com-

---

[1] Voy. pour les détails très circonstanciés le *Mercure français*, t. XIII, p. 371.

pagnie de Fouvrelles du régiment des Gardes. Les uns dient que c'est pour des lettres qu'il avoit escriptes au Marquis de Rouillac et les autres pour avoir escript la lettre de la cordonnière.

Lundi 8. — *Bonnevault* disgrâcié.

Samedi 13. — Vériffication au Parlement de l'edict du roy portant *suppression* des charges de *Connestable* et *admiral* avec réserve de la charge de *Grand Maistre* et surintendant général du Commerce, dont Sa Majesté pourvoit M^r le Cardinal de Richelieu.

Les lettres de provision de M^r le Cardinal de Richelieu en ladite charge portans qu'il en avoit faict le serment entre les mains du roy, Mrs du Parlement l'obligèrent par arrest à faire le serment à la Cour. Sur quoy le roy expédia des lettres patentes portans qu'il feroit ledit serment et qu'ilz luy donneroient séance selon sa dignité et pour tenir le mesme rang qu'il tenoit dans son Conseil.

Lundi 15. — *Mort du 1er Président de Verdun.* Tout Paris veit un jour entier son corps dans son lict avec sa robbe rouge, son bonnet quarré en teste et son mortier auprez de lui. Aprez on l'emporta à XI heures du soir sans cérémonye aux Jacobins réformez, où on luy fit un service solennel le samedy 27 Mars. Toutes les Compagnies y furent conviées, et 4 présidens au mortier menoient les 4 deuilz.

Environ le mois d'Aoust la charge de premier Président fut donnée au Président d'Ozembray avec c. m. livres comptant et asseurance de c. m. livres aprez sa mort, qui seront baillez par celluy qui aura la charge. — La charge de président au mortier de Mr Hacqueville bailiée à M^r Le Bailleul et IIII xx. m. livres comptant. — C. m. livres baillez à la veufve du 1er Président de Verdun — XXX m. livres donnez à un Président[1]. et X m. livres[2]. . . . . qui est en tout III c. XX m. livres, pour laquelle somme la charge de lieutenant civil qu'avoit ledit Sr Bailleul a esté baillée du Sr Moreau, auparavant lieutenant criminel (on tient que Mr de Bailleul en eut trouvé 450,000 livres, s'il eust eu la liberté de la vendre à qui il eust voulu), qui vend la sienne à Mr Blondeau, Conseiller de la Cour LXVII m. livres.

Jeudi 18. — *M^r le Cardinal de Richelieu va au Parlement* fort accompagné. Toutes les Chambres s'assemblèrent comme pour recevoir un Conseiller. Il fit le serment assiz et nue teste; il estoit vestu d'un camail. Aprez Messieurs s'allèrent habiller pour tenir l'audience, et, luy, prit sa grande chappe, dont la queue estoit portée par Marsillac. Il s'assit à la main droicte du costé des laiz, et Mrs de Montbazon, de Raiz et de Bellegrade au dessoubz de lui; aprez estoit M^r de

---

[1] Un espace en blanc dans le manuscrit.
[2] *Idem.*

Paris etc. Ainsy il précéda les ducz et pairs dans le parlement comme dans le Conseil; ce qui jusques alors estoit sans exemple, car quand le roy va au Parlement, les Cardinaux se mettent du costé gauche, qui est la place des clercs. Estans ainsy assiz, on tint l'audience, et Mʳ le Cardinal opina longuement.

Vendredi 19. — *Mʳ de St Luc* [1] *fait le serment de Maréchal* de France sans préjudice du rang de Maréchal des. . . . .

Samedi 20. — *Le Président Chevallier*, 1ᵉʳ Président en la Cour des Aydes, reçoit un billet du roy, par lequel il luy commande de *se retirer* en sa maison de Videville. Le Prévost des Marchans estant allé convié la Cour des Aydes, suivant la coustume, d'assister à la procession généralle pour la réduction de Paris, le Président Chevallier le fit entrer, et plus de 300 personnes et respondant à la semonce loua fort le règne du feu roy et blasma fort le présent le comparant à la ruine. Ce qui fut cause de le faire chasser.

Dimanche 21. — Le *Marquis de Bonnivet* mis à *la Bastille* pour avoir appellé Mʳ de Chaulnes dans le cabinet de Reyne. Personne ne l'entendit; car soubz

---

[1] Thimoléon d'Espinay, seigneur de Saint-Luc, gouverneur de Brouage, vice-amiral de France, puis maréchal de France. Le P. Anselme met sa nomination de maréchal de France en 1628. Mort le 12 septembre 1644.

prétexte de luy faire des complimens, il luy parla tout bas à l'oreille.

Mecredi 24. — M*r le Marquis de Fiat* receu *Conseiller* au Parlement.

AVRIL

Jeudi 1ᵉʳ.

Lundi 5. — M*r le Général des Galaires*[1] entre à l'Oratoire de St Jacques et y prend l'habit le lendemain matin.

Vendiedi 9. M*r le Marquis de Cœuvres*[2] faict le serment de Maréchal de France et se faict appeller le Maréchal d'Estrées.

Lundi 19. — M*rs de Bouillon de Sedan et de la Marche* estans du cours, et l'un d'eux revenant, comme on appelloit ses pages et laquais, qui estoient à la porte St Antoine, il y eut dispute entr'eux et les autres, chacun disant qu'il n'y avoit que son maître qui feust

---

[1] Philippe-Emmanuel de Gondi, comte de Joigni, troisième fils d'Albert de Gondi, maréchal de Retz, général des galères, se fit prêtre et mourut le 19 juin 1622, à quatre-vingts ans. — *Moreri*, p. 260.
[2] François-Annibal, duc d'Estrées, marquis de Cœuvres, nommé évêque de Noyon par Henri IV, quitta les ordres pour les armes à la mort de son frère, ambassadeur, puis maréchal de France en 1626, mort le 5 mai 1670, à quatre-vingt-dix-huit ans.

Mʳ de Bouillon, et ayant mis l'espée à la main un des lacquais de Mʳ de Bouillon La Marche en tira un de ceux de Mʳ de Bouillon Sedan.

Le lendemain assemblée de pages, lacquais, soldatz etc. de part et d'autre à la porte St Antoine. Le roy leur faict deffenses de mener ni pages ny lacquais.

Mecredi 21. — *Mʳ le duc ae Lorraine* arrive *à Paris*. — Mʳ de Chevreuse l'amène et le loge. Il demeura¹ . . . jours à la cour, où il réussit fort bien, estant extrêmement civil, et en s'en allant il fut en un jour de Paris à Bar, où estoit Madame de Chevreuse.

Dimanche 25. — *Monseigneur* faict *un festin* magnifique le jour de sa naissance au logis de Mʳ de Bellegarde (qui traita toute la maison de Monseigneur), auquel estoit Mʳ de Lorraine.

Environ 30. — *Mort ae Madame de La Vallette à Metz*.

MAI

Samedi 1ᵉʳ

Mercredi 12. — *Dernier combat et mort ae Mʳ de Bouteville et du Comte des Chapelles*². — Le Baron de

---

¹ En blanc dans le manuscrit.
² Voy. P. *Griffet*, t. I, p. 540; *Mercure français*, XIII, p. 401.

Beuvron ayant mandé en Lorraine à M*r* de *Bouteville* qu'il se voulloit battre contre luy, Bouteville vient en poste à Paris, acompagné du Comte des Chapelles et va descendre chez les Guillemins qui sont des baigneurs logez à la rue St Anthoine. Il mande à Beuvron qu'il estoit là et que, pour parler à luy, il fist demander M*r* Le Rousseau, Beuvron y envoye à 10 heures du soir et l'attend dans la place Royalle, où Bouteville le va trouver et luy dit qu'il avoit deux hommes avec luy dont l'un estoit le Comte des Chappelles, pour lequel il falloit qu'il cherchast un homme de qualité. On dit que Beuvron luy ayant proposé le Marquis de Bussy, il dit qu'il seroit fort bon.

Le soir mesme, Beuvron alla trouver le Marquis de Bussy [1] (qui avoit esté bien malade; saigné diverses fois 2 jours auparavant du pied en l'eau, qui en estoit encor tout enflé) qui luy dit en entrant qu'il estoit bien aise de le voir, pour ce qu'il avoit esté prest à faire son testament et qu'il l'y vouloit mettre. Beuvron luy ayant dit l'affaire, on dit qu'il alla à XI heures du soir appeller Bouteville, lequel voulut opiniastrément que le combat feust à la place Royalle et à deux heures aprez midy. Le lendemain, mercredy 12, le Marquis de Bussy fust chez Poitrincour, et, voulant travailler un cheval, il s'esvanouit. Luy et Beuvron feurent achepter des espées. A 4 heures aprez midy, ilz se trouvèrent à la

---

[1] Voy. *P. Griffet*, t. I, p. 541.

place Royalle; 3 vindrent en carrosse et 3 à cheval; ilz mirent pied à terre dans le grand carré du costé des Minimes, Bouteville, le Comte des Chapelles et La Barthe contre Beuvron, le Marquis de Bussy et Brusquet[1], escuyer de Beuvron. Bouteville et Beuvron se battoient à l'espée et au poignard. L'espée de Bouteville estant cheute, il destourna de son poignard l'espée de Beuvron, se jetta à luy et de la main droicte luy saisit le bras gauche, tellement qu'ayant son poignard libre et Beuvron ne se pouvant servir de son espée à cause que Bouteville estoit ainsy avec luy aux prises, il dit à Beuvron : « Je te tuerois bien sy je voulois. » Beuvron dit : « Il est vray. » Bouteville respondit : « J'aymerois mieux estre mort, » et en disant cela, il le baisa, jetta son poignard et courut pour séparer les autres; mais voyant que le Marquis de Bussy ayant receu un coup d'espée à travers le corps par le Comte des Chapelle tenoit la main contre sa playe et voyant venir Bouteville et Beuvron à luy il leur dit : « Je suis extrêmement blessé. » Aussy tost aprez il tumba et dit : « Mon Dieu, ayez pitié de moy. » Incontinent aprez cela, il mourut sans plus parler. Le coup coupoit la veyne cave. On porta le corps chez le Comte de Harcour, et un jour ou deux aprez, on le mena enterrer à Balagny. La Berthe ayant receu un coup à la gorge par Brusquet, il en mourut quelques jours aprez.

---

[1] Le P. Griffet le nomme Buquet.

Beuvron se retira à l'hostel de Guise. Bouteville alla chez Chantail (chez Mr de Coulanges à la place Royalle), lequel, estonné de le voir, lui demanda d'où il venoit. Il respondit froidement : « Je viens de me battre à la « place Royalle : Voyez-vous pas le peuple qui « s'amasse? Le Marquis de Bussy a esté tué »; et ensuitte il luy demanda une hacquenée pour aller plus à son aise, à cause qu'un fort bon coureur qu'il avoit estoit trop rude à son gré. Il s'en alla donc avec le Comte des Chappelles coucher à Monceaux, et le lendemain jeudy, ilz allèrent coucher à Vitry-le-Bruslé, proche de Vitry-le-Francois, dont le Marquis de Bussy estoit gouverneur, et Bouteville envoya une lettre à son valet de chambre à Challons, lequel venoit derrière luy pour luy donner adviz de le venir trouver à Vitry le Bruslé, où il l'attendroit jusques au lendemain à 8 heures du matin. Ils eussent bien peu le jeudy mesme coucher hors de France; mais Bouteville ayant desseing d'aller à Bar, où estoit Madame de Chevreuse et d'arriver à un bal en estat de danser plustost que de courir, il voulloit attendre son vallet de chambre, affin de s'habiller et de s'ajuster en arrivant. Deux gentilzhommes [1] du Marquis de Bussy, l'un nommé[2] . . . . ., qui avoit esté nourry son page et avoit une [3]. . . . dans son régiment, et l'autre nommé Limey estans

[1] Voy. *P. Griffet*, t. I, p 542.
[2] En blanc dans le manuscrit.
[3] *Idem*.

partis en poste pour empescher pour Madame la Présidente de Mesme, mère du Marquis de Bussy, que la Contesse de Vignory, tante dudit Marquis, ne se saisist des principalles maisons, ilz aprirent à Meaux que Bouteville et le Comte des Chapelles estoient passez. S'estans advancez, la lettre que Bouteville escrivait à son vallet de chambre leur estant tombée entre les mains, ilz résolurent de les atraper pour se battre contr'eux ; puis ayant changé de desseing et estans arrivez à Vitry, ilz prirent le Prévost des Maréchaux dudit lieu et, à [1] . . . . . heures aprez minuict entrèrent dans la chambre, où Bouteville et le Comte des Chapelles estoient couchez ensemble, se saisirent de leurs espées qui estoient sur la table et les arrestèrent. Bouteville a dit que Limey luy ayant lors témoigné qu'il estoit très-marry de son malheur, que son desseing n'avoit pas esté de les faire prendre, mais de leur faire mettre l'espée à la main et qu'il le servirait en tout ce qu'il pourroit, il respondit que cela estoit bien aisé, qu'il ne falloit que leur faire rendre leurs espées. Limey dit qu'il ne pouvoit pas cela, mais que, s'il vouloit, il iroit à Paris, advertir ses amiz. Bouteville luy bailla 50 pistolles qu'il avoit, et Limey, arrivant à Paris, alla descendre chez la Présidente de Mesme, et ainsy trompa Bouteville qui s'en plaignit fort. Le Prevost mena Bouteville et le Comte des Chapelles dans Vitry-

---

[1] En blanc dans le manuscrit.

le-François, où ilz furent gardez dans l'hostel de Ville.

Le lendemain du combat, le roy envoya quérir les gens de Sa Majesté du Parlement, et n'y ayant que Mr le Cardinal de Richelieu, et Mr le Garde des Seaux présens, aprez leur avoir parlé de quelques edictz d'argent, il leur demanda, sur le subject du combat de Bouteville, sy l'on ne pouvoit pas faire commandement de les prendre mortz ou vifz.

Le roy, croyant que Bouteville fust en sa maison de Pressy, il commanda au Grand Prévost de l'y aller prendre. Le Grand Prévost investit sa maison et s'en rendit maître; mais il n'y estoit pas.

Le roy, ayant apris la prise de Bouteville, en tesmoigna grande joye et envoya incontinent Mr de Gordes, capitaine des Gardes du Corps avec 12 ou 15 archers et ordre de commander à toutes les troupes ordonnées pour l'escorte. Mr de Gordes arriva en 3 jours à Vitry sur ses chevaux.

MAY

Lundi 24. — Mr de Gordes part de Vitry avec ses prisonniers qu'il avoit ordre d'amener piedz et mains liés. Les archers ou exemptz avoient ordre de les tuer dans le carrosse, sy on les eust voulu forcer, et les carabins qui estoient aux coureurs avoient ordre de charger qui que ce fust, sy on les eust poussez. Au cas que Monseigneur (qui tesmoignoit très grande affection pour Bouteville) fust venu, on eust laissé passer sa seulle personne, et on eust arresté tout le reste.

Ilz marchèrent en cet ordre :

Compagnie des carabins d'Arnauld, 40 maistres compris. . . . . ;

Miche, capitaine des chevaux, comme estant le seul capitaine. Sa personne marchoit à la teste de la cavallerie légère;

Compagnie de chevaux légers de Monseigneur, 5 maistres;

Compagnie de la Boulaye, 13 maistres;

Comp^{ie} de la Borde, 12 maistres;

Comp^{ie} de Bussy Lamet, 22 maistres;

125 hommes de pied des régimens de Piedmont, Vaubecour et Menillet;

Carrosse dans lequel estoient sur le devant Bouteville et le Comte des Chapelles non liez, et 3 exemps ou archers des gardes avec eux;

15 hommes du corps;

125 hommes des susdits régimens;

Gentilzhommes volontaires envoyez par Mr de Marillac (qui avoit en ordre comme maréchal de camp d'assembler les susdites troupes) 70;

Prévostz des Maréchaux et Archers.... 140.

Mr de Gordes alloit et venoit; mais il estoit d'ordinaire prez le carrosse et avoit faict mettre les prisonniers sur le devant, affin qu'il les peust tousiours voir.

Ilz allèrent coucher à Challons, qui est à 7 lieues de Vitry.

Mardi 25. — Ilz firent 7 lieues et furent coucher à Espernay.

Mecredi 26. — Ilz firent 5 lieues et allèrent coucher à Dormans. On renvoya l'infanterye, les gentilzhommes volontaires et les archers, et là se trouva 60 mestres de la Compagnie des gens d'armes du roy et 200 hommes choisiz du régiment des gardes, 10 de chaque compagnie.

Lesdits gendarmes marchèrent aprez la dernière partye du régiment des gardes, et la compagnie de Miche à la queue.

Ceste infanterye marchoit aussy viste que la cavallerye, et auparavant, lorsqu'il n'y avoit que les susdits soldatz des autres régimens, il falloit continuellement faire alte.

Jeudi 27. — Il arriva[1] à. . . . . . 60 mestres de la Compagnie de Chevaux légers de la garde et la Compagnie de Rouville de 23 mestres.

Ilz marchoient en cet ordre :

Carabins. —

Personne de Rouville ; —

---

[1] En blanc dans le manuscrit.

Compagnie de Monseigneur;

La Boulaye;

La Borde;

Rouville;

Chevaux légers de la garde;

100 hommes de pied des gardes;

Carrosse;

Gardes du Corps;

100 hommes de pied des gardes;

Gensdarmes;

Bussy;

Miche.

Ilz furent à Chasteau-Thierry et firent 4 lieues.

Vendredi 28. — Ilz furent à La Ferté-soubz-Jouarre; 6 lieues.

Samedi 29. — Ilz furent à Meaux; 4 lieues.

Dimanche 30. — Ilz furent à 9 heures du matin à Lagny, où ilz disnèrent, et en partirent à 7 heures du soir, et arrivent à une heure et demye après minuict à la Bastille, où Mr du Tremblay les receut.

Madame la Princesse, M^r d'Angoulesme, toutte la maison de Montmorency et M^r le cardinal de La Vallette sollicitèrent extrêmement pour Bouteville. M^r le Prince et Mr de Montmorency escrivirent à Sa Majesté en sa faveur.

Le Parlement députa M₁₁ Deslandes et de Bouville doyen et sous-doyen pour interroger (Bouteville) et le Comte des Chapelles.

M₁ l'Evesque de Nantes et le Père du Coudray, père de l'Oratoire, furent choisiz par le roy pour les aller consoller, confesser et communier.

Samedi 29. — Madame accouche d'une fille[1].

JUING

Mardi 1ᵉʳ.

Jeudi 3. — Fancan, Langlois et son autre frère con^{eur} de la maison de la Reyne sont pris à XI heures du soir par le chevallier du Guet et *menez à la Bastille,* où Fancan mourut le [2]. . . . . . Octobre ensuivant.

Vendredi 4. — Madame[3] *meurt* en couches à 10 heures 1/2 du matin. — M₁ de Nantes luy donna l'extresme onction et la communia. On parla diversement de la cause de sa mort, dont quelques'uns accusent la sage-femme Boursier, et autres dient que ce fut une cheute qu'elle avoit cachée devant sa grossesse. Le roy témoigna fort grand desplaisir. La reyne, sa mère,

---

[1] Cette fille fut la Grande Mademoiselle.
[2] En blanc dans le manuscrit.
[3] Marie de Bourbon, duchesse de Montpensier, dauphine d'Auvergne, fille unique et héritière de Henri de Bourbon, duc de Montpensier, et de Henriette-Catherine, duchesse de Joyeuse.

aussy, et Monseigneur plus que tous, tant durant la maladie qu'aprez la mort. Comme on la veid à l'extrémité, Mʳ le Cardinal emmena Monseigneur à Luxembourg, d'où il fut coucher à St Cloud chez le Président Le Coigneux le [1]. . . . .

Le roy le fut visiter à [2]. . . . .

Le [3]. . . . . Monseigneur s'en alla à Chantilly.

Madame de Guise, dans son extresme douleur, ne dit une seulle parolle que de très-grande vertu et soubzmission à la volonté de Dieu.

Mʳ de Guise témoigna un regret non pareil.

Madame de Guise fut visitée par le Roy et par la Reyne.

Madame de Guise envoya demander à la Reyne, mère du Roy, par Mʳ de Nantes le cœur de Madame pour le mettre dans le couvent des Capucines; ce qu'elle luy accorda, et Mʳ de Nantes l'y porta.

On veid Madame un jour dans son lit, et depuis on fut donner de l'eau béniste, sur son cercueil. Le 21ᵉ son effigie fut mise et veue dans la Grande Salle des Thuilleryes en un lict de parade et servye en cérémonie. Le Roy y fut donner de l'eau béniste en grande cérémonye avec un grand manteau de serge violette à 3 grandes queues. Mʳ de Guise portoit celle du milieu; le P. de Jinville, son filz, la droicte, et Mʳ de Chevreuse la gauche.

---

[1] Inachevé.
[2] *Idem.*
[3] En blanc dans le manuscrit.

Environ 10. — *Le Comte de Guiche* se bat en Flandres sur la frontière *contre Hoquincour*. La première aigreur venoit du combat entre ledit Hoquincour et le Comte de Louvigny (frère dudit Comte de Guiche), par lequel il soustenoit avoir esté assassiné et en avoir receu un coup d'espée, lorsqu'il ostoit ses esperons. En suitte de ceste vieille querelle, y ayant eu quelque batterye entre les lacquaiz du comte de Guiche et ceux de Hoquincour, l'inimityé se ralluma[1]. . . . . fit appeller[2]. . . . . par[3]. . . . . Ilz se battirent, le comte de Guiche, Lenoncour et[4]. . . . . contre Hoquincour, Lespinay (qui avoit compagnie au Régiment de Rambures que le roy donna à[5]. . . .) et Alexis.

Bouteville *(Suitte)*

Les parens et les amiz de M⁽ʳ⁾ de *Bouteville* font grande instance vers M⁽ʳ⁾ le Garde des Seaux pour obtenir évoquation en un autre Parlement soubz prétexte de M⁽ʳ⁾ le Président de Mesme, beau-père du Marquis de Bussy, et demandèrent à M⁽ʳ⁾ le Garde des Seaux un maître des Requêtes pour rapporter la Requête. Il leur respondit que ce n'estoit point la forme d'en donner un,

---

[1] En blanc dans le manuscrit.
[2] *Idem.*
[3] *Idem.*
[4] *Idem.*
[5] *Idem.*

mais qu'ilz en choisissent un de ceux qui estoient en quartier. Sur cela ilz le prièrent de leur accorder Mr de Chastellet (Breton, serviteur de la maison de La Hanaudaye, qui s'estoit fort employé dans la sollicitation de ceste affaire et que l'on tient asseurément avoir faict le factum pour Bouteville). M^r le Garde des Seaux respondit : « Est-il en quartier? » Mr de Chastellet, qui estoit présent, dit qu'il n'y estoit pas, et lors M^r le Garde des Seaux dit qu'il s'estonnoit pourquoy ilz vouloient prendre un maître des Requêtes hors de quartier et qu'ilz en pouvoient choisir un dans le quartier sur ce qu'ilz demandoient aussy qu'il tint pour cela un conseil extraordinaire, à cause qu'ilz craignoient que Mr de Bouteville ne feust jugé auparavant que l'on tinst conseil, M^r le Garde des Seaux dit que cela ne se pouvoit. Ilz mirent donc leur requête entre les mains de Mr de Soix du Tillet. M^r le Garde des Seaux dit que tous ceux qui estoient intheressez dans l'affaire sortissent, et on fit sortir plusieurs à diverses fois, et voyant que Mr de Chastellet demeuroit tousiours, il luy demanda quelle affaire l'amenoit là, n'estant pas en quartier. Il dit que c'estoit une affaire dont il avoit esté rapporteur et de laquelle il croyoit que l'on pourroit reparler. M^r le Garde des Seaux luy repartit que l'on n'avoit que faire de luy pour ceste affaire là, que ce n'estoit pas aussy celle qui l'amenoit, mais qu'il sçavoit bien que c'estoit l'affaire de Bouteville; et sur cela il luy lava fort la teste et le fit sortir : L'évocquation fut rejettée;

il n'y eut que [1]. . . . . voix pour qui furent [2]. . . .
et . . . . . contre [3]. . . .

Lundi 21. — A 5 heures du matin, le chevalier du guet vint à la Bastille quérir *Mr de Bouteville* et le comte des Chappelles, qu'il mena dans un carrosse au Parlement avec 400 hommes du Régiment des Gardes, qui demeurèrent en garde dans le palais et se saisirent des avenues. Mr de Bouteville, estant sur la sellette, parla peu. (Mr de Bouteville dit que, s'il eust voulu dénier ce qui s'estoit passé dans son combat, comme il n'avoit pas mancqué d'aviz et d'instructions pour le faire, on eust esté possible bien empesché à le condamner; mais qu'il avoit voulu temoigner autant de franchise et de vérité en ceste action qu'en toutes les autres de sa vye; que sa seulle chose qu'il demandoit estoit que l'on ne fist pas mourir M^r le comte des Chapelles, puis qu'il ne pouvoit mais de sa querelle, et que c'estoit luy qui l'avoit engagé et obligé à se battre.)

M^r le comte des Chappelles parla longtemps fort éloquemment et fort généreusement. Le subject de son discours fut de représenter à Mrs du Parlement qu'ilz pouvoient en ceste occasion faire tout ensemble justice et miséricorde; justice en le faisant mourir puis qu'il l'avoit bien mérité ayant tué le Marquis de Bussy, et

---

[1] En blanc dans le manuscrit.
[2] Inachevé.
[3] *Idem.*

estant seul cause de tout le malheur pour ce que c'estoit luy qui avoit lié la partye et engagé M⁰ de Bouteville à se battre; et miséricorde, en sauvant la vye à M⁰ de Bouteville qui n'avoit ny blessé ny tué depuis l'abolition géneralle accordée par le roy par le dernier edit; et en suitte il s'estendit sur les services de la maison de Montmorency, sur ceux qu'avoit renduz M⁰ de Bouteville et qu'il pouvoit rendre, sur le malheur du temps qui l'avoit engagé en tant de querelles etc. M⁰⁰ du Parlement disent tous qu'ilz n'ont jamais entendu parler ny plus éloquemment ny plus judicieusement, et que jamais homme ne leur a fait tant de compassion. Ilz furent aux opinions jusques à une heure aprez midy [1]. . . . furent d'aviz de prison perpétuelle et le reste alla à la mort. L'arrest fut donc donné qui les condamne à avoir la teste tranchée et Beuvron aussy par contumace.

Aprez que l'arrest fut donné, [2] . . . . . proposa, attendu qu'il estoit désia tard, qu'il fallait du temps pour dresser l'arrest et pour toutes les autres actions qui précèdent l'exécution, de la différer jusques au lendemain et adjousta que ce qui luy donnoit la hardiesse de faire ceste proposition est que la cour cognoissoit qu'il n'y avoit point de meschanceté noire dans le crime des condamnez, mais seullement un excez de courage mal réglé. Il passa par là, et ainsy le retardement de

[1] En blanc dans le manuscrit.
[2] *Idem*.

l'exécution fit partye de la délibération. Cela fut trouvé fort estrange de tout le monde, et très mauvaiz par le roy et avec raison pour ce que c'estoit rejeter sur luy seul la mort des condamnez par ceste ouverture évidente que le Parlement leur donnoit à obtenir grâce, et, au cas qu'ilz l'obtinssent, c'estoit comme en faire attribuer la cause au Parlement plus tost qu'à Sa Majesté.

L'arrest estant donné, tous les susdits parents de Mr de Bouteville furent trouver à Chaliot M^r le Cardinal qui leur dit qu'ilz n'avoient pas besoing de venir, que Monsieur avoit désia pris ceste peyne et qu'il s'en alloit trouver le roy pour y faire tout ce qu'il pourroit. De là tous les dits parents estans allez au Louvre, le roy ne les voulut point voir, et la Reyne mère vint elle-mesme leur dire qu'ils se retirassent [1].

On dit que les condamnez et particulièrement le Comte des Chapelles passèrent la nuict à prier Dieu.

Mardi 22. — M^r d'Angoulesme fut le matin fort longtemps à genoux au pied du lict du roy et luy dit, entr'autres choses, qu'il le supplioit de ne le point considérer comme M^r d'Angoulesme ny comme beau-frère de M^r le Prince et de Mr de Montmorency, mais comme son très humble serviteur, et, en ceste qualité, de luy donner la vie de Bouteville. Le roy demeurant

---

[1] Le *Mercure français* donne des lettres du prince de Condé et du duc de Montmorency au roi pour solliciter la grâce des prisonniers.

tousiours ferme, il le supplia de luy faire au moins la faveur de vouloir parler à Madame de Bouteville [1] et à toutes ces dames qui l'accompagnoient. Le roy lui dit que, pour l'amour de luy, il le feroit, pourveu qu'il n'y eust qu'elles dans la chambre; ainsy dans la chambre de la Reyne, mère du roy, Madame de Bouteville, assistée de Madame la Princesse, Madame d'Angoulesme, et Madame de Ventadour se jettèrent aux piedz du roy et le pensèrent noyer de larmes [2]. Le roy les refusa, allégant ses ecditz, sa conscience, son serment et le sang de sa noblesse, dont il estoit obligé de respondre devant Dieu. Au sortir de là, elles rencontrèrent sur le petit degré M^r le Cardinal de Richelieu. Madame la Princesse se jetta à genoux devant luy, et luy se mit le ventre en terre. Sur les 3 heures aprez midy, estans hors de toute espérance, Madame la Princesse, Monsieur et Madame d'Angoulesme, Madame de Ventadour et M^r le Cardinal de La Valette emmenèrent Madame de Bouteville à Grosbois.

A XI heures, on mena Mr de Bouteville et le Comte des Chapelles dans la chapelle, où on leur prononcea leur arrest. Ilz entrèrent très constamment; Mr de Bouteville demanda où estoit sa place et s'y mit. M^r de

---

[1] Élizabeth-Angélique de Vienne, fille de Jean de Vienne, président de la Chambre des comptes, et d'Élizabeth Dolu, mariée le 17 mars 1617, morte en 1696. — Le P. Anselme lui donne à sa mort l'âge de quatre-vingt-neuf ans. Elle fut la mère du grand maréchal de Luxembourg, né posthume le 7 janvier 1628.
[2] Voy. *P. Griffet*, t. I, p. 543.

Nantes et le Père de Coudray vinrent les assister.

Tout le régiment des gardes fut commandé pour assurer l'exécution. On tendit les chaisnes de toutes les avenues de la Grève (où le roy voulut absolument qu'elle se fist, suivant l'arrest, nonobstant l'instance des parens qui, pour dernière grâce, demandoient qu'on leur fist trancher la teste dans la Bastille), et on fit une barricade de charrettes le long de l'eau. Il y avoit ordre exprez de Sa Majesté de faire main basse, sy on se mettoit en debvoir de le sauver. Le Chevallier du guet conduisait les condamnez et donnoit ordre à tout.

Au sortir de la Conciergerye, le Comte des Chapelles entra le premier dans la charette, et Bouteville aprez lequel sauta dedans (c'est-à-dire fit un petit sault en y entrant). Mr de Nantes, le Père Coudray [1] . . . . . entrèrent aussy dans la charrette. Deux bataillons de picquiers et de mousquetaires marchoient devant et aprez. Mr de Bouteville demanda deux fois l'absolution de ce qu'il avoit levé les yeux 2 fois pour regarder le monde.

Quand ilz furent à l'entrée de la Grève, le Comte des Chapelles pria ces Messieurs qui l'assistoient de chanter avec luy un Te Deum et le chantèrent. Il avoit faict veu d'estre religieux, sy le roy leur donnoit grâce, et avoit penséc d'être Chartreux, mais sans détermination absolue.

---

[1] Un espace en blanc dans le manuscrit.

Mr de Bouteville demanda à Dieu que, comme durant sa vye sa principalle vanité avait esté dans ces misérables duelz, il luy pleust en récompence de faire qu'aprez sa mort le souvenir de tous ses combatz fust effacé de la mémoire des hommes.

Sur ce que Beuvron n'avoue pas l'avantage que Bouteville avoit eu sur lui dans leur combat et le conte autrement, Mr de Bouteville demanda à Mr de Nantes s'il vouloit que, pour faire une action d'humilité, il dist tout hault au peuple, estant sur l'eschaffault, que le combat, s'estoit passé comme Beuvron le disoit et qu'il estoit vray qu'il n'avoit point eu davantage sur luy; Mr de Nantes luy demanda ce qui en estoit; il respondit que la chose s'estoit véritablement passée en la sorte qu'il l'avoit dit. Sur quoy Mr de Nantes réplicqua : « N'en parlez donc point; car il ne fault pas faire une action d'humilité au préjudice de la Vérité. »

Mr de Bouteville s'offrit aussy, par humilité, à recevoir un bandeau; mais Mr de Nantes luy dit qu'il n'estoit pas besoing d'en prendre.

En sortant de la charrette, il fit aussy comme un petit sault, monta sur l'eschaffault avec une constance admirable, et, aprez avoir prié Dieu avec Mr de Nantes et que M. de Nantes se fut retiré, il se mit à genoux et se tint ferme. Voyant venir le coup de l'espée, il ne bransla point, leva les yeux au ciel et remua les lèvres pour prier Dieu. En cet instant le coup passa sy viste que la teste estant coupée demeura quelque temps sur les espaules avant que de tomber. Le corps fut mis à un costé de l'eschaffault et couvert d'un manteau.

Le Comte des Chapelles demanda à Dieu qu'il luy pleust de recevoir sa vye en sacrifice pour l'extirpation des duelz en France et la honte du supplice qu'il alloit endurer pour l'extirpation de l'impiété dans la cour. Il demanda aussy à Dieu qu'il luy pleust de récompencer tous ceux qui avoient assisté à leur prise, à leur jugement et à leur mort. Il demanda aussy à Dieu pour le roy.

Lorsqu'il veid que Mr de Bouteville descendoit de la charrette pour aller sur l'eschaffault, il dit au Père de Coudray : « Mon père, voulez-vous pas bien que nous nous oublions à cette heure pour ne penser qu'à prier Dieu pour mon cousin de Bouteville, » et commencea lors à prier pour luy jusques à ce que, sachant qu'il estoit mort, il dit : « Maintenant qu'avec la grâce de Dieu je croy que mon cousin est en paradis, il fault penser à le suivre, » et se mit à prier Dieu et monta sur l'eschaffault avec une constance non pareille. Il fit sa prière debout avec Mr de Nantes et puis il se mit à genoux sur le billot (et non au(x) piedz du billot), et, sans estre bandé, attendit le coup avec une fermeté et une dévotion admirables, et eut la teste tranchée, à ce quelques'uns tiennent, en disant dans ce mesme instant : « Jésus Maria. »

Les corps furent portez dans le carrosse de Mr de Bouteville à l'hostel d'Angoulesme, où on leur donna de l'eau béniste.

Mᵣ de Nantes fut consoler Madame de Bouteville à Grosbois et luy porta la moustache de son mary.

Vendredi 25. — Monseigneur fut entendre la messe aux Capucins et pleura continuellement durant qu'on la dit, à cause que le *cœur* et les entrailles de *Madame* sont dans ce monastère, où ilz furent portez quelques jours auparavant par Mᵣ de Nantes, qui les fut demander pour ce subject à la reyne, mère du roy, de la part de Madame de Guise.

Lundi 28. — *Le roy* va *au Parlement* faire vériffier édictz d'augmentation de trésoriers de France et. . . des bureaux etc. Greffiers, etc., augmentation de sur mines de sel, etc.

Sa Majesté fut accompagnée des cardinaux de La Rochefoucault, de Richelieu et de La Vallette — des duczs de Guise, Luxembourg et Brissac — des maréchaux de St Géran, Chastillon, Bassompierre, Schomberg et St Luc, au dessoubs desquels estoit Mᵣ le Marquis de Fyat, surintendant des finances, en qualité de conseiller de la cour. — Conseillers d'estat,
Et les 4 secretaires d'estat.

Le roy parla sans begayer. — Mᵣ le Garde des Seaux de Marillac parla un quart d'heure fort bien. — Mᵣ l'advocat du roy, Talon, parla bien, mais loua trop Mᵣ le Cardinal de Richelieu estant en la présence du roy et en la sienne. — Il parla fort contre les pensions, luy qui en a. Mr le Président de Hacqueville parla aussy.

Monseigneur fut en mesme temps à la *chambre des Comptes* et puis à la *Cour des Aydes.* Mr le duc de Bellegarde, Mr de Champigny, et Mr de Lizy l'accompagnoient. On dit qu'il parla fort bien à la chambre des Comptes et que le 1er Président Nicolai respondit très bien.

Le roy partit ce mesme jour pour aller coucher sur le chemin de Fontainebleau, où il faisoit estat d'aller, et de là incontinent aprez au voyage de Poictou, où il faisoit cependant advancer les troupes. Estant à Beaulieu[1], il eut un accez de *fiebvre* de 40 heures, et ensuitte il l'eut tierce. Le mercredy, dernier Juin, ayant esté saigné, il fut coucher à Villeroy.

Mercredi 30. — *Funérailles de Madame* à St-Denys en très-grande cérémonye. Mr de Nantes fit l'oraison funèbre, et la reyne regnante faisant la damoiselle suivante de Madame des Farges veid toutte la cérémonye.

Il y avait de princesses à la cérémonie : Madame la Princesse, Madame la Princesse de Conty et Madame la Contesse, et de Princes : Mrs de Guise, de Jinville et de Chevreuse.

Messieurs du Parlement, au lieu de prendre la droicte,

---

[1] Il était allé à la campagne pour se délivrer d'une fièvre dont il avait senti les accès pendant la séance du Parlement. Voy. P. *Griffet*, t. I, p. 550. — Richelieu, *Mémoires*, t. I, p. 454. — Fontenay-Mareuil, *Mémoires*, t. V, p. 186.

prirent la gauche et laissèrent la droicte à la chambre des comptes, à cause que le Grand Maître des cérémonies avoit faict réserver pour les princes et princesses les 6 meilleures places de la main droicte.

JUILLET

Jeudi 1er. — Le roy ayant donné *à Monseigneur* 15 jours ou 3 semaines auparavant la lieutenance générale de son armée, et Sa Majesté ne pouvant partir à cause de sa fiebvre, elle donne à M*r d'Angoulesme* le commandement de *l'armée* soubz Monseigneur [1].

Mr le Marquis de *Rouillac*, Mr de *Chaudebonne*, Mr le Marquis *d'O* et Mr de Moichinson sortent de la Bastille.

Vendredi 2. — La Reyne, mère du Roy, va trouver le roy à Villeroy, et la Reyne regnante se met en grande dévotion pour demander sa santé à Dieu et s'enferme ce jour là dans la Visitation.

Descente des Anglais en Ré extraicte de la lettre imprimée soubz le nom de La Milletière que l'on m'a asseuré pourtant n'estre pas de luy. N'ayant rien apris jusques icy de plus certain que ce qui est dans ceste lettre, je m'en suis servy.

[1] Voy. *P. Griffet*, t. I, p. 551.

Jeudi 22. — La flotte anglaise [1], en nombre de 8 ramberges, 12 grands vaisseaux, le moindre de 4 à 500 tonneaux, 20 autres vaisseaux de guerre communs qui vont de 150 à 300 thonneaux, et le reste jusques à 110 vaisseaux tant pour les munitions de guerre qu'autres choses nécessaires, vint mouiller l'ancre dez le matin à la rade de Ré au lieu dit [2] . ., où, aprez avoir demeuré 5 ou 6 heures, toutes les ancres furent levées et les canons en très-grand nombre poinctez vers la terre, où parurent deux bataillons d'infanterie de [3] . . hommes, l'un commandé par Boissonnière et l'autre par La Condamine, capitaine au Régiment de Champagne. Deux cens chevaux estoient sur les aisles extrêmement advancez. Les Anglois mirent 3 bataillons à terre ; les 2 premiers de 1000 hommes chacun, et le 3ᵉ de II m. hommes.

La Cavalerie Françoise [4] eut telle haste de donner que, sans attendre la descharge de son infanterye, elle se mesla dans ces premiers bataillons et les rompit entièrement et poussa sy avant que plusieurs cavalliers en poursuivant les Anglois entrèrent dans la mer jusques par de là les sangles des chevaux.

Les Anglois du 3ᵉ bataillon s'ouvrirent et firent jour à leur canon qui tira sy à-propos qu'il mit en désordre les troupes Françoises et tua ou blessa 19 tant des gen-

---

[1] Fontenay-Mareuil, *Mémoires*, V, p. 187.
[2] En blanc dans le manuscrit.
[3] *Idem.*
[4] Voy. *P. Griffet*, t. I, p. 554. Richelieu, *Mémoires*, I, p. 455.

tilzhommes volontaires que des officiers du régiment de Champagne.

VOLONTAIRES MORTS

Raistincler, capitaine au régiment des gardes, frère de Mr de Thoiras [1] ;
Le Baron de Chantail ;
Le Baron de Navaille ;
La Lande, bastard de St Luc ;
Montagne, neveu de celluy qui a faict les Essaiz ;
Hortodie ;
Sauvigny.

OFFICIERS DU RÉGIMENT DE CHAMPAGNE

Mortz.

Boissonnière, capitaine ;
Du Tertre, lieutenant ;
Morillan, enseigne.

Blessez.

La Condamine, capitaine, blessé à mort.
Luscine, capitaine, estropié d'un coup de picque au bras.
Valiros, capitaine, fort blessé ;
Manty, lieutenant ; un bras coupé ;

---

[1] Le roi le regretta fort (*Mercure français*, XIII, p. 906.)

Thibaut, capitaine, fort blessé ;
Montespin, enseigne, blessé ;
La Brou, enseigne, fort blessé ;
Balansac.

Il fut fort peu tué de simples soldatz François pour ce qu'ilz se mirent à couvert du canon.

Cependant nouveaux Angloix descendent des vaisseaux avec pics et pelles et font un logement, à la faveur duquel le reste de leur armée mit pied à terre.

Ils perdirent ce jour St Blancart [1] François (qui avoit esté un des principaux chefz Angloix et 500 soldatz.

Le lendemain, les Anglois mirent 20 canons à terre en résolution d'aller attaquer le fort St Martin de Ré [2]. S'ilz eussent poussé avant dez le premier jour, ilz l'eussent pris sans doubte ; car il n'y avoit lors dedans aucuns vivres ny logements pour soldatz, et les fortifications en estoient très mauvaises ; mais, durant le loisir que les Anglois donnèrent à M*r* de Thoiras, il fit tirer tout ce qu'il y avoit dans le bourg St Martin et tout ce qu'il peut avoir de l'isle, et fit travailler extrêmement au fort qui estoit auparavant en fort mauvaiz estat [3].

---

[1] Fontenay-Mareuil, *Mémoires*, X, p. 187.
[2] Voy. P. *Griffet*, t. I, p. 555.
[3] Richelieu, *Mémoires*, I, p. 457, accuse Thoiras de négligence et même de dilapidation.

Manière de vivre des Angloix dans l'isle de Ré avec très-grande discipline.

Ilz travailloient volontairement à leurs tranchées faictes avec une dilligence admirable, avoient pour cela 10 s. par jour et autant par nuict — avoient tous les 6 jours un demy Jacobin de 50 solz.—Tous les 2 jours un pain de munition qui en valloit 4 des nôtres, de la viande, du beurre et de la morue en grande abondance et beaucoup plus à proportion que de pain. Tous ces vivres estoient tirez de leurs vaisseaux et mesmes le bled qu'ilz faisoient moudre dans l'isle et faisoient leur pain dans le bourg. Quant au vin. ilz l'acheptoient des habitans et le leur payoient avant que l'avoir. Les principaux chefs seullement logeaient dans St Martin et toutes les troupes dans un grand corps de garde qui estoit du bout du bourg vers la citadelle et dans les tranchées. Ilz pillèrent fort peu entrans dans l'isle.

Les soldatz, qui commettoient quelque faulte, estoient beaucoup plus sévèrement chastiez que ne sont les nostres.

Durant leur séjour, l'exercice de la religion catholique n'a point esté interrompu, les Capucins et autres prestres l'ayant continué comme en plaine paix.

Les Irlandois se disoient catholiques et avoir esté amenez par force. Néantmoins ilz estoient plus meschans et plus larrons que les autres. La dissenterye leur tua beaucoup de gens.

Juillet (sans date). — Le roy donne à M⁺ *d'Elbeuf* le *gouvernement de Picardye*.

M⁺ *de Guise* faict *général de l'armée de mer*.

AOUST

Samedi 28. — *Monseigneur*[1] part *en poste de Paris* courant à[2] ..... chevaux, va coucher à Orléans, et, estant arrivé à Saumur, le roy luy manda de l'attendre tellement que Monseigneur y séjourna quelque temps (11 jours), et n'arriva à l'armée de la Rochelle que le 15 septembre. M⁺ le Comte de la Rochefoucault estoit venu à Saumur au-devant de Monseigneur avec grande quantité de noblesse, qu'il fut contrainct de renvoyer à cause du séjour de Monsieur à Saumur, et depuis, il le vint trouver[3] à ..... avec 100 gentilshommes.

Mardi 31. — Un gentilhomme de Monseigneur arrive de sa part à l'armée pour advertir M⁺ d'Angoulesme qu'il s'en venoit. Il repartit le 2ᵉ septembre pour aller trouver Monseigneur à Saumur.

---

[1] Voy. Richelieu, *Mémoires*, I, p. 465, la mauvaise volonté du prince à rejoindre le roi.
[2] En blanc dans le manuscrit.
[3] *Idem.*

SEPTEMBRE

La Rochelle et Ré.

Mecredi 1ᵉʳ. — On commence le travail pour investir entièrement La Rochelle. (Vide le plan imprimé dudit travail). La cavallerye de l'armée du roy bat l'estrade jusques à la portée du pistollet, sans qu'au commencement les Rochelois tirassent.

Ce mesme jour Desplan arrive à l'armée de la part du roy, et aussy tost il va à La Rochelle.

Dez ce temps là toutte la cour (excepté le roy et les grands Seigneurs) estoit à l'armée, chascun y ayant couru.

Lettre de M. le Duc de Bouquingham à M. de Thoiras.

Monsieur,

Le désir que j'ay de tesmoigner en touttes occasions combien je prise les personnes de qualité et mérite me fera tousiours procedder en leur endroict avec toute sorte de courtoisie. J'espère que je me suis comporté jusques icy en votre endroict de ceste sorte, autant que la loy des armes me l'a peu permettre. En continuation de quoy, avant que la suitte des affaires m'oblige à prendre d'autres conseilz et changer de procédé, j'ay trouvé bon de vous exhorter à la considération de voz nécessitez, lesquelles vous avez désia enduré avec grande patience. Vostre courage vous pourroit porter à la continuer jusques à l'extrémité sur des vaines espérances de secours au préjudice de vostre seureté. Pour ces causes et pour le regret que j'aurois de vous voir arriver plus grand desplaisir, avons jugé convenable vous conjurer de vous rendre entre noz mains avec ceux qui sont de vostre compagnie soubz vostre charge, ensemble la place par vous occupée, soubz des conditions honorables que vous ne debvez espérer à l'advenir, sy vous m'obligez à poursuivre les moyens que j'ay d'accomplir mes desseins et que vous portiez les affaires à l'extrémité.

Attendant votre responce, je demeureray, Monsieur, etc. De notre bord, le 1ᵉʳ septembre 1627.

Responce.

Monsieur,

Voz courtoisies sont cognues à tout le monde, et estant faictes avec le jugement que vous y apportez, elles doibvent estre principallement attendues de ceux qui font de bonnes actions. Or je n'en trouve point de meilleure que d'employer sa vye pour le Service du Roy. Je suis icy pour cela avec quantité de braves gens dont le moins résolu ne croirait pas avoir satis-faict à soy-mesme, s'il n'avoit surmonté toutes difficultez pour aider à conserver ceste place. Ainsy ny le désespoir de secours ny la crainte d'estre mal traicté en une extrémité ne me peuvent faire quicter un sy généreux dessein; comme aussy je me sentirois indigne d'aucune de voz faveurs, sy j'avois obmis un seul poinct de mon debvoir en ceste action, dont l'issue ne peult estre que fort honorable, et d'autant plus que vous avez contribué à ceste gloire; d'autant plus seray-je obligé d'estre toute ma vye, Monsieur, vostre très-humble et très-obéissant serviteur [1].

TOYRAS.

de la Citadelle de Ré, ce 1ᵉʳ Septembre 1627.

Jeudy 2. — Y ayant plus de dix jours qu'on n'avoit eu nouvelle assurée des assiégez, un soldat de la mᵉ de camp de Champagne offre à Mʳ de Thoiras de passer à nage [2]. Il met deux petitz barilz soulz ses deux aisselles, dans l'un desquelz il y avoit une lettre en chiffre de Mʳ de Thoiras à Mʳ d'Angoulesme. Il passe au milieu de l'armée des Anglois et est contrainct de se plonger plusieurs fois pour esviter les mousquetades et coups de pierre. Il arrive au plomb ayant le corps tout mordu des poissons. Il va au fort Louis, où Mʳ de La Forest, frère de Mʳ de Thoiras le faict vestir et l'amène à

---

[1] Richelieu, *Mémoires*, I, p. 471, accuse Toiras d'être disposé à traiter, mais la lettre de Toiras et toute sa conduite pendant le siège démentent l'affirmation du cardinal.

[2] Voy. *P. Griffet*, t. I, p. 556. Ce hardi nageur est nommé, par le P. Griffet, La Pierre ou Pierre Lasnier. De deux autres qui l'accompagnèrent, l'un se noya et l'autre se rendit aux Anglais qui le massacrèrent. Voy. Richelieu, *Mémoires*, I, p. 464. — Le *Mercure français* nous a conservé des vers en l'honneur de ce hardi nageur, t. XIII, p. 857.

M' d'Angoulesme, à qui il donne sa lettre. Depuis M' d'Angoulesme l'envoya au Roy, qui luy donna IIIIe livres de rente.

Samedi 11. — Les Rochelois se déclarent et commencent à tirer force canonnades au fort de Bonnegraine (où M' de Fontenay-Mareil, mestre de camp du Régiment de Piedmont travaille avec son régiment). Ce fort et celluy de La Moulinette sont quasy à pareille distance de La Rochelle que le fort Louis. Depuis on travailla aussy au fort de Coreille, qui, aprez l'arrivée de Monseigneur, fut appellé le fort d'Orléans. Maintenant on l'appelle le fort de Coreille.

8 ou 9. — M' de Thoiras [1] estant en grande nécessité de vivres et autres munitions, 16 pinasses de Bayonne, commandées par un gentilhomme nommé Vallins (nourry page de M' de Grandemont et qui a acquis réputation en Holande) entreprennent de passer à travers toutte l'armée angloise, et de faict Valins y entra avec 12 pinasses [2] ; ce qui fut un secours aux assiégez qui receurent aussy beaucoup de soulagement de ce qu'en s'en allant il ramena les malades et blessez. Les 4 autres pinasses, dans l'une desquelles estoit le filz du Baron de Sangeon n'ayant peu passer, elles relaschèrent à Cou-

---

[1] Voy. P. *Griffet*, t. I, p. 558. — Richelieu, *Mémoires*, I, p. 457. — Fontenay-Mareuil, *Mémoires*, V, p. 189. — *Mercure français*, XIII, p. 864, il est nommé Balin.

[2] Voy. Richelieu, *Mémoires*, I, p. 465.

devache. Quelques'uns les en vouloient blasmer; mais Vallins a faict voir qu'il n'y avoit point de leur faulte, à cause que les ayant envoyées devant pour faire la découverte avec asseurance de les prendre en passant au lieu où il leur avoit commandé de l'attendre, le vent vint tel qu'il ne fut pas en son pouvoir d'y aller; tellement que ces 4 pinasses ayant recognu par les feuz de la citadelle de Ré que les 12 autres y estoient entrées, et leur estant impossible d'y passer, elles furent contrainctes de relascher à Coudevache.

Les basques, qui conduisoient ces pinasses et qui sont les plus adroictes gens du monde, se vantèrent au retour d'y porter des vivres quand ilz voudroient; mais n'ayans pas esté bien payez, ilz s'en retournèrent assez mal satisfaictz. M.r d'Angoulesme en rejecta la faulte sur leur capitaine.

Vallin estant venu trouver le Roy à St Germain fut parfaictement bien receu de Sa Majesté (et des Ministres) qui luy donna une chaisne d'or de XII.e livres.

Lundi 13. — M. d'Angoulesme passe la nuict à faire travailler à la poincte de Coreille, de sorte que le lendemain matin les soldatz estoient à couvert pour continuer le travail; ce que les Rochelois ayans aperceu, ilz y tirèrent plus de 150 coups de canon sans blesser personne.

Mercredi 15. — Monseigneur[1] arrive à l'armée.

---

[1] Fontenay-Mareuil, *Mémoires*, V, p. 190.

Mr d'Angoulesme le fut recevoir à Surgères avec force volontaires. Il le pria fort de ne point loger à ¹... à cause de l'incommodité que les troupes et les volontaires qui y estoient revenoient d'en desloger; mais il voulut y loger, et, pendant qu'on prépareroit son logement, résolut de loger à La Jarrie, où il disna. Ayant disné, il monta à cheval et alla se promener à Étré, où estant il deffendit que personne ne le suivit et alla seul avec Mr d'Angoulesme pour voir le fort de Bonnegraine et le travail de Coreille. Cependant les gentilzhommes de la suitte de Monseigneur estant allez comme nouveaux venuz, qui deça, qui delà, pour voir les fortiffications de La Rochelle, les Rochelois, affin de les attirer dans une embuscade de mousquetaires logez derrière leurs retranchements, font paroistre 25 ou 30 chevaux, qui alloient au commencement au pas, et estans poussez se retirèrent au trot et puis au galop. Maricour avec Briençon La Feuillade et 2 ou 3 autres de chez Monseigneur se rencontrèrent des premiers en ceste occasion, comme aussi Villequier Esguilly chevalier de Chappes, et de Caruce (son cheval luy fut tué et il tua un Rochelois d'un coup de pistollet), Corbinelli, Lignères (frère de Du Vigean; son cheval fut aussy tué), et, au bruit des mousquetades, tout le reste y courut, et mesme Mr de Bellegarde (qui se promenoit en pourpoint avec le Président Le Coigneux y alla à toute bride, trouva Mari-

---

¹ Étré.

cour mort (son cheval avoit esté tué d'abord et, aussy tost qu'il se fut relevé, il receut une mousquetade dans le corps, dont il tomba mort sur la place) et plusieurs blessez. Nantaz, capitaine au régiment de Piedmont, s'avancea avec sa compagnie; Mr de Marillac, comme maréchal de camp, s'avancea à la tête de tout cela, et M^r d'Angoulesme quictant Monseigneur, lequel se retira dans le fort de Bonnegraine, vint aussy au galop pour donner ordre à tout. Mr de Bellegarde y fit fort bien; car encores qu'il y eust grand péril, il ne voulut jamais revenir qu'il n'eust faict emporter le corps de Maricour, et on dit mesme qu'il donna un coup d'espée sur la teste d'un sergent des ennemis. L'escarmouche dura environ 3 quartz d'heure, et les ennemis ayant esté poussez et s'estans retirez les premiers dans leurs retranchemens, les nostres se retirèrent, et, comme on y estoit accouru de tous costez, et faisoient un gros de 3 ou 400 chevaux à demeurer dans la plaine, les Rochelois tirèrent sur eux plus de 100 coups de canon sans blesser personne

Ceux qui furent tuez et blessez dans l'escarmouche sont :

Morts

Maricour,

Nanta, capitaine au régiment de Piedmont.

Launay, Cor^{nette} de la compagnie de carabins de Maubuisson.

4 soldatz du régiment de Piedmont.

Blessez

Briançon, frère du comte du Lude; un coup de mousquet à la jambe.

La Boulaye, capitaine de chevaux légers; un coup de mousquet à la teste, qui n'est rien;

Le jeune Brouilly; un coup d'espée dans la main gauche, qui l'estropioit d'un doigt;

La Feuillade; un coup à la cuisse;

Desbory et Des Ormois; chascun un coup au travers la cuisse.

Nota que les Rochelois estoient sortiz du Tadon, petit village ruyné à la portée du mousquet des murailles de La Rochelle. Tous les coups de canon tirez en grand nombre par les Rochelois depuis ce jour-là jusques au 30ᵉ ne blessèrent que 2 soldatz.

Monseigneur, en arrivant à l'armée et estant fort accompagné à cause que toutes les troupes de cavallerye estoient venues pour l'accompagner en son quartier, rencontra le neveu du duc de Bouquinguam[1] (avec lequel vivoit St Surin), auquel il bailla des lettres.

Le dit *neveu de Bouquingam* estant arrivé à la cour et ne faisant aucunes propositions, mais prétendant seullement d'escouter celle qu'on lui faisoit, il fut tenu un grand conseil, auquel le roy résolut de le renvoyer sans l'escouter ny traicter avec luy; dont le duc de Bouqui-

---

[1] Richelieu le nomme Halsburnin, *Mémoires*, 1, p. 468. — *Mercure français*, XIV, p. 35.

gam fut sy offencé qu'il retint *St Surin* contre le droict des gens.

Environ 19. — De 5 barques[1] parties des Sables pour porter des vivres et munitions dans le fort de Ré, il n'en entra qu'une conduicte par un capitaine Flamen, nommé Pheliboust, et les 4 autres relaschèrent par pure poltronnerye. On dit que celle-là leur porta des vivres pour 12 jours.

Lundi 20. — *Le Roy part* pour aller en Poictou (et arrive à l'armée le 12 Octobre), et laisse un *pouvoir à la Reyne sa mère* (vériffié en parlement) pour commander aux provinces de deça la Loire qui est une espèce de disgrâce.

Mʳ le *Commandant de Valencé* couru dans la forest de Benon (qui est à 4 lieues de La Rochelle sur le chemin de Nyort) par des coureurs de La Rochelle; il se sauva.

Montferrier[2], frère de Mʳ de Thoiraz tué d'un coup de canon dans la citadelle de Ré. On dit que cela arriva ainsy : les barques qui portent des vivres dans le fort de Ré ne pouvant y aborder qu'en s'eschouant, il y en eut une qui eschoua en lieu sy incommode qu'elle estoit veue des vaisseaux des ennemis; quy y tirans quantité de coups de canon estonnèrent les soldatz qui

---

[1] Voy. Richelieu, *Mémoires*, I, p. 471.
[2] *Idem.*

deschargeoient ceste barque. Ce que voyant Montferrier, il s'y mit luy mesme le premier pour leur donner courage et y fut tué. La Forest, un autre de ses frères, en fut sy affligé qu'il tumba malade à la mort dans le fort Louis, où il commande.

Mʳ de Marillac part de l'armée pour aller à Verdun, va au devant du roy jusques à Parthenay. Le roy le fit revenir.

OCTOBRE

Envitaillement du fort St Martin de Ré.

Mʳ le Cardinal de Richelieu, comme surintendant de la marine, ayant faict préparer 14 traversins en Oleron et Brouage par Mʳ le Marquis de Brézé, 5 grandes barques prez la tranchée par la rivière St Benoist soubz l'ordre du capitaine Richaudière; 10 pinasses nouvelles aux Sables d'Olonne par le Sʳ d'Andouin [1], 5 grandes barques et un grand Phelibot au mesme lieu par les capitaines Cantelou et Perroteau, ces 35 voiles s'assemblèrent au port des Sables d'Olonne (où Mʳ l'évesque de Mande, l'abbé de Marsillac, Le Cler, général des vivres, et le Père Placide de Bremond, Bénédictin, chevalier de la Croisade, donnèrent ordre à ce convoy, et Mʳ D'Esplan, Marquis de Grimault, y travaillait aussy avec eux, il y avoit 6 semaines), et

---

[1] Voy. *Mercure français*, XIV, p. 125.

estans chargez de tous les medicamens, munitions de guerre et de bouche et autres choses nécessaires pour rafraischir les assiégez, jusques à des bonnetz de laine, fourreaux d'espée et mille autres commoditez.

Mecredi 6. — Ilz partent du hâvre des Sables sur les 4 heures du soir, le 6 Octobre[1], avec 400 mathelotz, 300 soldatz choisiz et 60 gentilzhommes volontaires, et vinrent à la rade. La marée s'estant rendue propre et le vent et la nuict favorables, qui estoit 3 choses nécessaires pour leur passage et qui n'avoient point esté durant 2 mois entiers que la marée estoit venue de jour, le vent contraire, et la nuit obscure.

D'Esplan, qui n'avoit rien dit de son desseing, prend congé de Mʳ de La Rochefoucault et de Marsillac se jette dans une chaloupe, et de là dans la barque nommée la Marguerite, commandée par Pierre Richardière dit capitaine Maupas qui scavoit seul son dessein et l'attendait avec le chevallier de Montenac, Villiers lieutenant de . . . . . et 50 bons soldatz.

Beaulieu Persac et Launay Razilly estans dans une mesme barque faisoient ensemble la charge d'admiral et portoient l'estendart au grand mastz. Ilz firent l'ordre auquel ceste petite flotte debvoit marcher, et, comme ilz vouloient faire le signal pour lever l'ancre, tout-à-coup la mer s'esmeut avec grosse pluye; ce qui obligea

---

[1] Voy. *P. Griffet*, t. I, p. 560. — Richelieu, *Mémoires*, I, p. 472. — *Mercure français*, XIII, p. 872.

à jetter l'ancre au lieu de la lever et demeurer toute la nuict à la rade d'Olonne, sans pouvoir rentrer au port.

Jeudi 7. — Sur les 7 heures du matin, 5 navires des ennemis vinrent recognoistre la flotte sans l'oser aborder. Conseil tenu pour savoir sy on rentreroit au port ou sy on demeureroit à la rade; résolu d'y demeurer.

Vendredi 8. — Le lendemain, 8 Octobre, sur les 5 à 6 heures du soir, le vent s'estant rendu favorable, on résolut de lever l'ancre, et le prieur de Bremond ayant faict une harangue et tous les catholiques à genoux et les Huguenotz aussy, dont il y avoit assez grand nombre, on mit les voiles au vent sur les 8 à 9 heures du soir.

Le capitaine Maupas expérimenté à la mer et congnoissant les terres comme estant du pays; et ayant passé et repassé depuis 8 jours dans une seulle barque avec le S^r d'Esplan au milieu des ennemis, menoit l'avant garde. A la droite Persac et Razilly et avec eux dans une barque D'Anery, La Guigne, Roquemont, le Comm^{re} Calotier. A la gauche Brouilly, capitaine au régiment de Chappes, Cusac, Griboual, Rimigny, La Rocque Fontiers, Jonquières et plusieurs autres gentilzhommes volontaires; et aprez eux les 4 barques, que M^r le Cardinal avoit faict équiper par le capitaine Richardière père, conduictes par les capitaines La

Treille, Odoard, Pierre Masson, et Pierre Martin, tous bons pilotes. Suivoit aprez le corps en forme de bataille composé de 10 pinasses (avec les 15 autres précédentes que Monseigneur avoit faict venir par St Florent) conduictes par le S^r d'Andouin, leur général, à la teste et le Sr Tartasse, son lieutenant, à la queue.

Autour des dites pinasses y avoit 12 traversins comme plus fortz et plus grands. En l'arrière-garde estoit le Phelibot du Sr de Marsillac, bien armé, et dedans le jeune Beaumont nourry page de M. le Cardinal de Richelieu avec parolles de créances à Mr de Thoiras et autres de la citadelle de Ré, et aprez, sa chaloupe avec 5 grandes barques d'Olonne, dans lesquelles estoient quantité de gentilzhommes volontaires, et entr'autres Lomeras, enseigne au régiment de Champagne, qui avoient aussy lettres et chiffres.

En cet ordre et le plus pressez qu'ilz pouvoient, ils alloient cotoyans la grande terre pour n'estre point découvertz par les vedettes des ennemis, qui n'estoient qu'à une lieue des Sables. Comme ilz singloient à pleines voiles et croyoient désia estre devant St Martin, le vent cessa tout à coup, et furent 2 heures sans pouvoir aller ny à droicte ny à gauche. Alors chacun estonné et croyant demeurer à la mercy des ennemis, sy le jour les surprenoit, ilz se mirent à prier Dieu, et le prieur de Bremond fit vœu, au nom du Roy, de faire bastir une église soubz le nom de Notre-Dame de Bon Secours. Soudain le vent se rafraischit et rendit fort gaillard, de sorte que, chascun ayant repris sa piste et son ordre, en moins de demye heure ilz virent le feu que Mʳ de Thoiras faisoit faire en la citadelle et à terre ceux que La Richardière père faisoit faire viz à viz de l'encoigneure qu'il falloit traverser, et là quictans la coste de La Tranche, chaque pilote regardant sa boussole et ne pensant plus qu'à passer courageusement, ilz entrèrent dans la forestz des navires ennemis. Les premières sentinelles les ayans laissé passer sans dire mot, après que tout eut passé, commencent à les envelopper et canonner furieusement, et leurs chalouppes et galiottes à les suivre pour les agraffer, de sorte que ceux qui estoient à la Grande Terre croyoient tout perdu. Cependant Mʳ de Thoiras faict redoubler les feuz sur les bastions, et la mer qui s'en retournoit luy donnoit grand subject de crainte. Un coup de canon emporte le chirurgien du capitaine Maupas entre le M. de Grimaud et le Prieur, un autre la misaine ou mast de devant qui tumba sur ledit marquis, et un 3ᵉ perce la barque et luy fait prendre quantité d'eau. Ledit marquis de Grimand jette son manteau sur le corps du chirurgien, descend à fonds de calle, allume chandelle avec mesche et bouche le trou, et cependant le Prieur vuide l'eau qui estoit à la pouppe. Un 4ᵉ coup de canon emporte 1 matelot, et 4 chaloupes et un hiac d'Angleterre abordent la barque crians : Amène! Amène! Maupas, suivant l'instruction de son père, avoit disposé ses mousquetaires et picquiers et deffendu de tirer et mesmes à ses canonniers jusques à ce qu'il le commandast. Se voyant abordé et tenant son pistollet d'une main et le capabod de l'autre il lasche son pistollet et crie : Tire. Alors toute son artillerye descharge, et aprez on vient aux mains et feuz d'artifice. Les nôtres se deffendirent sy vaillamment que les ennemis se retirans avec beaucoup de perte vont attaquer les pinasses. Andouin couppe d'abord la main à un Rochelois qui luy vouloit emporter son gouvernail. Un coup de. . . . . fait voler en mer son contremast et blesse légèrement 2 matelotz. En mesme temps toutes les chaloupes des ennemis, en nombre de 150, viennent fondre sur notre flotte. On demeure longtemps aux prises, sans que les ennemis puissent entrer dans pas une de nos barques. S'estans donc retirez et les nôtres croyans estre hors de tout péril, d'autres difficultez se présentent; car les ennemis avoient attaché de grands mastz les uns aux autres et force grands bois et cordages de vaisseau en vaisseau pour empescher le passage [1]. Les nôtres, sans perdre courage, coupent câbles avec coutelas et avec picques et halebardes enfoncent les bois et mastz qui les empeschoient, et par malheur Coussaye, contremaistre et lieutenant de Maupas, ayant couppé avec son tarrabat un grand cable qui empeschoit le passage de leur barque, ce cable tumbe et s'embarrasse dans le gouvernail de la barque de Razilly, et par une secousse de mer d'une grande

---

[1] Voy. Richelieu, *Mémoires*, I, p. 463. — *Mercure français*, XIII, p. 863.

impétuosité l'entraisne contre la ramberge, où ce cable estoit attaché et où soudain il fut acroché et investy par 12 chaloupes, et, aprez un grand combat, voyant qu'il estoit impossible de plus résister, commanda plusieurs fois qu'on donnast le feu aux poudres; en quoy il ne fut obey. Tous les nôtres, particulièrement les gentilzhommes firent merveilles, et La Guette, nourry page de la reyne d'Angleterre, *fendit* un des ennemis en [1]. Il fallut prendre la composition qui leur fut offerte de dix mil escuz de rançon pour tous, que Razilly promit. Nous perdismes en ce combat quelques soldatz, mais point de noblesse.

Copie du mémoire envoyé par le Roy à la Reyne, sa mère, de ce qui fut conduict par ce convoy [2] :

Soixante gentilzhommes. —
250 soldatz. — prez de 500 mathelotz.
2 Commissaires de l'artillerye. —
16 canonniers. — 3 mineurs. —
Touttes sortes de médicamens. —
25 milliers de poudre. — 10 milliers de plomb. —
800 paires de soulliers. —
Grande quantité de chemises. —
100 pippes de vin, — plus de biscuits, farines et chairs qu'il n'en faut pour 2 mois.

[1] Le mot « deux » est sans doute oublié ici.
[2] Note mise en regard du récit précédent dans le manuscrit.

Samedi 9. — Tandis que les ennemis s'acharnoient à ce butin, 29 barques des nôtres arrivèrent heureusement à la porte de la citadelle entre 3 et 4 heures du matin. La sentinelle, qui estoit sur le bastion, demandant : « Qui vive ? », il luy fut respondu : « Vive le Roy ! ». Une chaloupe Rocheloise s'estoit glissée parmy nous pour brusler notre flotte; mais le S^r d'Andouin, qui estoit demeuré avec ses mousquetaires dans sa pinasse pour remédier à ce qui pourroit arriver, s'en estant doubté, luy demanda le mot et le contremot ; à quoy ne pouvant respondre, il la chargea sy furieusement que plusieurs furent tuez, estropiez et prisonniers. Mr de Thoiras courut au sortir des barques embrasser ses amiz dans l'eau, où ilz avoient esté contrainctz de descendre jusques à la ceinture, et mena tous ces nouveaux venuz se secher dans les huttes. Estant en celle du S^r des Estanges (capitaine au régiment de Champagne), avec le Sr Marquis de Grimault, un bouet de canon venu de la mer entre par la porte de la hutte, tue le lacquais dudit S^r des Estanges, passe entre eux deux et blesse ledit Marquis de Grimault à la cuisse sy favorablement qu'il n'en a gardé que 2 jours le lict.

Ce mesme jour, Mr de Brouilly, aprez s'estre acquicté du commandement qu'il avoit receu du Roy de départir quelque chose à ceux qui estoient dans la citadelle, de promettre des charges et autres gratiffications aux gentilzhommes et asseurance de noblesse aux soldatz, il fut tué d'une mousquetade par les . . . . . en un lieu éminent de la citadelle, où M' de Thoiras l'avoit prié de ne point aller.

Le jour précédent, M' de Thoiraz n'ayant plus de pain pour le lendemain et plus de poudre quasy que pour amorcer les mousquetz (Il y avoit 18 jours que ceste nécessité l'empeschoit de pouvoir plus tirer un coup de canon), il avoit envoyé les S'' des Estanges [1], capitaine au Régiment de Champagne, et de Soubran, neveu de M' de Vignolles, pour sonder le duc de Bouquingham sur la capitulation qu'il leur voudroit faire, en cas qu'ilz voulussent composer. Le duc luy promit toute sorte de courtoisie, pourveu qu'il revinst dans 4 heures pour commencer à traicter, mais qu'aprez cela il n'y auroit plus de composition. En ceste extrémité M' de Thoiraz fut contrainct à résoudre d'envoyer le lendemain à 8 heures du matin au duc les articles de la capitulation, au cas qu'il ne luy arrivast point de secours, et le secours entra à 3 heures et demye du matin 4 heures et demye, auparavant l'heure assignée.

L'heure de 8 heures estant venue, en laquelle le jour précédent les S'' des Estanges et de Soubran, par ordre de M' de Thoiras et par la nécessité de toutes choses, s'estoient obligez de porter au duc de Bouquingham les articles de la capitulation, au cas qu'il n'arrivast point de secours, les nôtres mirent à la

---

[1] Fontenay-Mareuil, *Mémoires*, I, p. 191.

pointe de leurs picques quantité de bouteilles de vin d'Espagne, cocqs d'Inde, pouletz, chappons, jambons; langues de bœuf et autres provisions, et les nouveaux officiers de l'artillerye, par quantité de canonnades, firent reculer les vaisseaux qui s'estoient approchez fort prez, croyans qu'il n'y avoit plus de poudre. La marée se retire avec eux et laisse nos barques à sec. Les Angloix viennent en 2 bataillons avec feuz d'artifice pour les brusler. Ceux qui les avoient conduictes sur l'eau les sceurent bien deffendre sur la terre; car ilz sortirent en bon ordre et firent retirer l'ennemy avec perte.

Sur les 3 heures aprez midy, la marée revient et les Angloix reviennent avec chalouppes et galions pleins d'hommes et de feuz d'artifice, et, à la faveur de leur canon qui tiroit incessamment, font aprocher à force de rames et d'avirons un Hiac de 50 thonneaux, conduict par 6 mathelotz, ausquelz le duc de Bouquingham avoit promis 600 jambons s'ilz pouvoient aprocher notre phelibot ou quelqu'autre barque pour donner un incendie général à notre flotte par le moyen du vent. Mr de Thoiraz au contraire promet 500 pistolles à ceux qui avec picques et halebardes en empescheroient. Maupas, avec ses mathelotz, à la faveur de 1000 mousquetaires dont la contrescarpe et la courtine de la mer estoient bordées, prit une partye de ceux qui nous venoient brusler, et d'autres furent tuez par notre escopeterye et artillerye. Les ennemis, avec leur artillerye de terre et de mer, tirèrent sy furieusement sur notre petite flotte (voyans que leur premier dessein n'avoit pas réussy qu'ilz fracassèrent vingt de nos plus grandes barques, lesquelles furent destinées au feu et aux huttes. Sur les 9 heures du soir, ilz firent jouer une mine; mais Mʳ de Thoiraz l'avoit esventée.

Le lendemain (la relation du prieur dit que c'estoit le 9ᵉ du mois; mais, selon son calcul mesme ce doibt estre le 10), tous les Angloix, qui estoient dans l'isle à Ste Marie, se mettent en bataille hors la portée de notre canon en nombre de 1500 et font semblant d'attaquer la demye lune de St Seurin (qui est à 40 pas du fossé et que ledit Sʳ Baron avoit faict faire et gardé avec 2 lignes de communication pour conserver le meilleur puits de l'isle); mais notre artillerye ayant faict quelque jour à travers d'un bataillon, ilz se retirèrent sans faire autre chose, et les nôtres mirent sur la pointe des picques 300 cales de Biscaye.

Le lendemain (que la relation dit estre le 10 et qui suivant ce que dessus seroit le XI), Mʳ de Thoiras envoye avec un tambour le Sʳ de La Rivière, Puy Greffier (âgé de 60 ans et passé avec ce dernier convoy) pour sçavoir des nouvelles de nos prisonniers; mais le duc ne le voulut point voir, affin de nous laisser encor davantage en peyne d'eux.

Le prieur prend le nom de tous ceux qui estoient dans la citadelle, comme aussy de tous ceux qui y avoient esté tuez, marque particullièrement les blessez etc., affin d'en faire rapport au roy.

Mʳ *de Thoiraz* se portoit lors bien ; mais il avoit auparavant esté *malade* à l'extrémité, et, durant sa maladie, Mʳ *de Saldagne* (qui moyennant 100 pistolles qu'il avait données à un mathelot estoit passé seul dans la citadelle dez le premier commencement du siège) *empescha* une *mutinerye* et conspiration qui s'estoit faicte par grand nombre de soldatz pour rendre la place.

Le duc, soubz prétexte de demander quelques prisonniers, envoye un colonel pour recognoistre la mine des assiégez. Mʳ de Thoiraz luy dit qu'il luy vouloit faire voir le visage de ceux que le siège avait incommodez, et sur cela fit paroistre les nouveaux venuz, et, luy monstrant le prieur, luy dit que c'estoit celluy que le Roy avoit destiné archevêque de Cantorbéry, et auquel Mʳ le Cardinal avoit promis dix mille chevalliers de ceste sorte.

Dimanche 17. — Le général d'Andouin, avec 4 pinasses et un traversier et le prieur avec luy, revient avec plusieurs malades (on m'a escript 400) et arrive à Cou de Vache et receut de grandes caresses du Roy, comme aussy le Prieur, que Sa Majesté envoya à la Reyne, sa mère, par le commandement de laquelle il fit imprimer une relation, dont j'ay extraict ce que dessus.

Idem. — On tient que ce jour-là les Rochelois envoyèrent prier le Duc de Bouquingham d'avoir encor patience et qu'ilz avoient résolu d'envoyer la nuict 2000 hommes dans des barques aborder à la citadelle en criant : « Vive le Roy ! » affin de la surprendre et la luy mettre entre les mains. Mais leur dessein fut descouvert.

La nuict, 7 barques chargées à la dilligence de Mʳ de Beaumont, premier maitre d'hostel, arrivent au fort de la Prée et leur portent des vivres pour longtemps.

Le 14 dudit mois, le Roy, *par une déclaration*, ordonne au Parlement de Thoulouze que, conformément à sa déclaration du mois d'Aoust précédent contre ceux qui adhéreront ou favoriseront les Angloix, il ayt à *faire le procez au Duc de Rohan*, conformément aux ordonnances, nonobstant tous privilèges et mesmes celluy de pairrye, dont il est décheu attendu rébellion notoire etc.; pareillement de faire le procez à tous ceux qui luy adhéreront, mesmes aux *villes et communautez* dudit ressort, *qui se porteront en corps à ladite rébellion;* sauf pour les particulliers et communautez, sy, dans 8 jours aprez la publication de ladite déclaration, ilz se départent de la dite rébellion et en passent les actes etc., et ouvrent les portes à Mʳ le Prince ou à Mʳ de Montmorency et reçoivent garnison d'eux.

Ladite déclaration vériffiée le 29 Octobre.

Mardi 12. — *Le Roy arrive en son armée* de La Rochelle plus guay et plus sain que jamais : Il voulut se loyer à Étré, affin d'estre plus prez de la ville. *Monseigneur* se logea à Dompierre, qui est à une lieue de

La Rochelle; le roy lui bailla son *quartier* pour commander depuis la Moulinette jusques au fort Louis, et Mʳᵉ le Maréchal de *Bassompierre* et Bellegarde soubz luy, et *Sa Majesté* retint pour elle depuis la Moulinette jusques à Coreille et soubz elle Mʳ *d'Angoulesme* et Mʳ *de Schomberg*.

Le Dimanche 10ᵉ, *le marquis de Brézé* receut à Nyort de la main du Roy le baston de *capitaine des gardes* (vaccant par la mort de Mʳ de Martroy), et en fit dès l'heure mesme, sa charge se trouvant en quartier.

Mercredi 13. — Le Roy va voir le fort Louis, et en passant les Rochelois tirèrent quantité de coups de canon sans blesser personne.

Jeudi 14. — *Le Roy va voir les travaux*, et Monseigneur avec luy, qui lui monstra tout et luy dit pour quelle raison il l'avoit faict faire; Mʳ le Cardinal y estoit aussy. Les Rochelois, qui avoient acoustumé de tirer sy tost qu'ilz voyoient 6 hommes de cheval ensemble ne tirèrent un seul coup tant que le Roy y fut, encor qu'il y eust plus de 500 chevaux avec luy.

Le jour précédent, le Roy avoit faict expédier à Mʳ le Cardinal des lettres patentes pour faire faire la stacade; à quoy il faict travailler en dilligence par Pompée Targon [1], qui promet la rendre faicte dans 2 mois.

---

[1] Richelieu fit venir de Paris Matezeau, architecte, et Tiriot, son entrepreneur, qui lui indiquèrent l'endroit où il fallait mettre la digue et la nature de sa construction, et les renvoya à Paris, leur donnant à chacun

Environ le commencement de ce mois, *M' le Prince void M' le Cardinal* à Réholes M' le Garde des Seaux et M' De Fiat y estoient.

Il fut résolu qu'il auroit le commandement de l'armée de Languedoc, et la confiscation de M" de Rohan et de Soubize luy fut accordée.

M' Galland ayant esté envoyé en Languedoc et Guyenne avec lettres de créance de Sa Majesté aux villes et communautez pour les assurer de l'exécution des esditz de pacification au cas qu'ilz demeurent en leur debvoir et renoncent à toutes associations avec l'Angloix, M' de Rohan et autres, *Montauban, Castres, Brilest, Pamiers, Puylaurens, Mazères, Masdazil, Carlat et la Bastide St Amand* déclarent par actes solennelz qu'ilz veullent demeurer fermes dans l'obéissance du Roy. Vid. . . . . Ces actes sont du mois d'Octobre et du commencement de Novembre.

Mardi 26. — La Reyne, mère du Roy, donne dans sa chambre au Louvre le bonnet de cardinal à M' de Bérulle. Il y avoit 4 mareschaux de France et quantité d'autres personnes.

Descente des troupes du Roy dans l'isle de Ré et desfaicte des Angloix. 1.

Le Roy voulant par une action extraordinaire et plaine de gloire pour la France chasser les Angloix de

3,000 livres. Voy. P. *Griffet*, t. I, p. 575. — Fontenay-Mareuil, *Mémoires*, I, p. 195.

dessus ses terres à force ouverte, Sa Majesté résolut d'envoyer dans l'isle de Ré soubz la conduicte de Mʳ le Maréchal de Schomberg 5000 hommes de pied et 300 chevaux qu'elle choisit elle-mesme dans toutte son armée et commanda Mʳ de Marillac pour servir de maréchal de camp en ceste occasion.

Les soings de Sa Majesté ont esté extresmes pour avancer touttes les choses nécessaires à l'embarquement et à l'exécution d'un sy important desseing.

Les troupes destinées par le Roy furent 40 hommes choisiz de chasque compagnie du Régiment des Gardes qui font 800 hommes : les dits 800 hommes estoient conduictz par Mʳ de Canaples, aide de camp et ceux qui suivent :

Capitaines.
- Mansan le jeune,
- Fourrilles,
- Saligny,
- Tilladet,
- Porcheux,
- Malissy, à qui le Roy avoit donné la Compagnie d'Aplincour pource qu'il n'estoit en sa charge,

Lieutenans.
- Drouet le jeune,
- Mansan,
- Dubourg l'aisné,
- Roussillières,
- Castelz,
- La Grange,

	Ronsières,
Enseignes..	Samazan, enseigne de Tilladet,
	Porcheux filz,
	Puissegur.

	La Dure, Catabin.
	Camajeur, Chezeau.
Sergens.....	La Berme, Le Basque.
	Boutillon, Chambeau.
	Tourte, La Garde.
	Fleurac, Chaban [1].

Suitte 3.

Les lieux de l'embarquement estans résoluz, le Roy commanda à Mr le Cardinal de Richelieu de prendre soing de toutes les choses nécessaires pour l'embarquement, comme barques, vivres et munitions de guerre. Pour cet effect Mr le Cardinal fut en Brouage et de là en Olleron, où il fit des dilligences extresmes; car en 2 jours il y eut des vaisseaux pretz pour passer les Régimens de Navarre, Du Plessis Praslain et de La Milleraye, qui estoit ce que le Roy avait destiné pour passer avec le Sr de Marillac avec 50 gendarmes de la Reyne, mère de Sa Majesté, et la compagnie de chevaux légers du Sr de Bussy Samet; le tout fourny de vivres.

(Il se trouva en Oleron et Brouage le régiment entier de Plessis Praslin (dont la moictyé passa avec luy la nuict d'entre le 27 et 28 et arriva au fort de La Prée); le

---

[1] La page suivante, qui porte en tête l'indication : Suite 2, est en blanc.

régiment de La Milleraye de [1]   compagnies. — 300 hommes de Piedmont — 300 de Rambures — 50 gendarmes de la compagnie de la Reyne, mère du Roy. — La compagnie de Bussy. — 50 chevaux légers de la garde du Roy commandez par Vic. Les mousquetaires, qui vinrent avec Mr de Schomberg et 2 ou 300 volontaires).

Le Roy en mesme temps envoye l'ordre aux Sables d'Olonne pour embarquer 600 hommes de Vaubecour et de Ribérac et le Régiment de D'Ufrey d'Urbelière, 50 gendarmes à Monseigneur commandez par La Ferté, et la Compagnie de Chevaux-légers de La Borde avec ordre à Mr de Nismes, abbé de Marsillac et Cte Richardière de prendre soing de l'embarquement qui debvait estre de 52 barques.

Les 800 hommes des gardes, 600 hommes de Beaumont et gendarmes du Roy furent ordonnez pour passer aux Sables.

Mr de Schomberg fut destiné pour passer au Plomb et Mr de Marsillac à Oleron, et resollu que, par le retour des mesmes barques qui auroient passé les gardes, Mr de Schomberg passeroit avec les mousquetaires, les volontaires et 50 chevaux légers de la garde. Mais l'appréhension du long retour des dites barques et l'impatience d'arriver fit que Mr de Schonberg s'en alla à Brouage et de là en Oleron avec les volontaires, les chevaux-

---

[1] En blanc dans le manuscrit.

légers de la Garde et les mousquetaires. Quantité de volontaires y estoient désia avec Mʳ de Marillac.

30 Octobre. — Samedy au soir [1], Mʳ de Canaples, avec les 800 hommes des gardes et 400 hommes de Beaumont et 22 gendarmes du Roy passent du Plomb avec nombre de volontaires et arrivent à minuict au fort de La Prée ayant esvité 3 grands vaisseaux Angloix qui l'un aprez l'autre avoient eu le vent d'eux; mettans pied à terre 16 à 16 seullement avec 3 meschantes chaloupes pour ce que leurs barques ne pouvoient approcher assez prez de terre; les Angloix les attendoient sur le bord. On dit qu'ilz estoient 1500 ou 2000 hommes et que Bouquinghan y estoit. Un petit bataillon des nôtres de 50 ou 60 hommes s'estant advancé pour recognoistre et ayant rencontré les ennemis, ilz vindrent aux mains; quelques'uns du régiment de Beaumont s'advancèrent aussy, dont Maubuisson, capitaine et Quinquallier, sergent major y furent tuez. — Le jeune Mansan, y fut aussy tué et Malissy blessé à la gorge. Les Angloix perdirent aussy quelques gens, et, s'ilz eussent eu le courage de nous enfoncer, ilz nous eussent deffaictz [2], à cause du désavantage que nous avions à descendre ainsy à la file sans ordre et de la peur qui s'était mise parmy nos soldatz; mais la nuict et l'opinion qu'ilz eurent que le Régiment des gardes estoit là tout entier, à cause qu'ilz

[1] Voy. *P. Griffet*, t. I, p. 566.
[2] Suitte 4.

ouirent nommer les noms de plusieurs capitaines (ce que l'on faisait pour se rallier) fut cause qu'ilz se retirèrent. Le lendemain nos soldatz s'escartans pour piller, la cavallerye des ennemis en tua 5 ou 6; ce que voyans les gendarmes du Roy, ilz montèrent à cheval, en tuèrent 3 ou 4 et en amenèrent 2 ou 3 prisonniers. Ces gendarmes, en toutte ceste occasion, tesmoignèrent grand cœur et fort bonne volonté.

1ᵉʳ Novembre. — Le vent estant propre, tous les vaisseaux estans à flot et le traject se pouvant faire en moins d'une marée, Mʳ le Cardinal faict faire tout l'embarquement à Brouage. Mʳ de Marillac estoit à la teste et pouvoit arriver de ceste marée en Ré; mais ayant commandement exprez de Mʳ de Schomberg de ne passer sans luy, il fut contrainct de s'arrester à la rade des Saumonais, vers la poincte de la dite isle d'Oleron, Mʳ de Schonberg n'ayant peu se mettre à la mer à cause des incommoditez survenues par les volontaires, dont sa barque se trouva surchargée.

2 Mardy. — Mʳ de Schomberg arrive à 9 heures du matin aux Saumonais, y trouve Mʳ de Marillac; ilz passèrent tout le jour et toutte la nuict, à cause que le vent changea, et le lendemain matin furent contrainctz de relascher en Brouage, où il passa tout le jour (mercredy). Le Jeudy matin 4ᵉ comme on s'embarquoit, Mʳ de Lyancour fut blessé par un mousqueton d'un coup d'espée derrière la teste, voulant séparer le comte du Lude, qui avoit pris querelle avec un mousquetaire, frère du Cornete, à l'entrée d'une barque. Mr de Schonberg ayant appaisé ceste querelle s'embarqua, et ayant eu le vent contraire tout le jour et toute la nuict, comme aussy Mr de Marillac qui estoit party devant luy, ilz se trouvèrent proches de Ré, mais sans y pouvoir aborder, et relaschèrent tous dans la Charente le Vendredy 5, y ayant tous esté jettez séparément. Le Samedy, Mr de Marillac eut commandement du roy de passer au plomb avec 2 petites chaloupes ; 2 pataches ennemies le contraignirent de relascher au port neuf. Le Dimanche matin, il envoye Mr de Corbeville au Roy, pour sçavoir sa volonté et luy dire que, s'il luy plaisoit d'envoyer ses mousquetaires, il passeroit en plain jour, pour ce qu'il avoit recognu de dessus le bord de la mer que nous estions maistres de la terre de l'autre costé à cause que 2 vaisseaux Angloix ayans attaqué une barque des nôtres eschouée à la pointe de Sanblanceais, des mousquetaires des nôtres l'avoient deffendue de dessus la terre. Le Roy manda qu'il passast, mais qu'il ne vouloit point envoyer ses mousquetaires. — Mr de Marillac envoye quérir 2 pinasses au plomb, met dessus 25 ou 30 mousquetaires de Chappes, s'embarque dans sa galiotte à 6 heures du soir et arrive à rames, ayant le vent contraire, à 8 heures du soir à la poincte de Sanblanceais, d'où ilz furent à pied au fort de La Prée.

4 Novembre. — Combat prez Castelnaudarry entre M⁰⁰ de Montmorency et de Rohan. Vid. imprimé.

Samedi 6. — Le duc de Bouquigham donne attaque généralle au fort St Martin de Ré par 3 endroictz avec eschelles — est repoussé avec perte de 350 hommes; plusieurs ont dit 600 hommes. — *M' de Saldagne* blessé d'une mousquetade à la teste mourut (1) heures aprez, et Grandval, lieutenant de la compagnie de M' de Thoiras, blessé d'une mousquetade à travers le corps, en mourut aussy. — Nous n'y perdismes que 6 ou 7 soldatz. Durant l'attaque qui dura trois heures et commencea à 8 à 9 heures du matin, M' de Canaples, pour favoriser les assiegez, s'avancea jusques auprez de la flotte; ce qui en effect les tint en jalousie. — 3 vaisseaux eschouez bruslez.

Ce jour La Milleraye, aprez avoir esté 4 jours à la mer, arriva en Ré avec 300 hommes de son régiment, quelques volontaires et 25 gensdarmes de la compagnie de la Reyne, mère du Roy.

Dimanche 7. — M. de Schonberg part de la Charente à 6 heures du matin, vient mouiller derrière l'isle Dex pour attendre la marée et envoye le commandeur de Valencé dans une chalouppe avec ordre de faire la nuict suivante, au fort de Ste Marie, ce qu'il exécuta. Les

---

¹ En blanc dans le manuscrit.

vents continuans à estre mauvais, le capitaine Regnyé, pilote de M. de Schonberg, luy proposa de mouiller dans la mer sauvage derrière la dite Ste Marie et y attendre le plein mer; auquel temps il espéroit le faire passer par-dessus les Rochers de Chauveau et le faire eschouer entre ledit Chauveau et la poincte de Sanblanceais.

Lundi 8. — Suivant cet adviz, le lundy à 3 heures du matin[1], Mʳ de Schonberg eschoue au dit lieu avec 32 barques, le reste n'ayant peu passer à cause du mauvais temps.

(Ces 32 barques portèrent 1000 hommes de pied et 40 chevaux. Le reste de 54 barques se sépara par l'orage de la nuict et ne peut arriver. Mʳ de Schonberg ordonna que 200 hommes de pied demeureroient sur le rivage pour la seureté des vaisseaux et victuailles qui estoient dedans et que les mathelotz les déchargeroient) Il met son infanterye en 4 bataillons et sa cavallerye aux aisles en deux esquadrons, et en cet ordre arrive au fort de La Prée à la poincte du jour et entend la messe, tandis qu'on mettoit les troupes en bataille. — On faict prière générale. Il y avoit environ 3500 hommes de pied et 100 chevaux (en ces 3500 hommes sont compris ceux du Régiment de Champagne qui s'y joignirent aprez), qui marchoient en cêt ordre : Le Régiment des Gardes en 2 bataillons à l'avant-garde, ayant à sa main

---

[1] Voy. Richelieu, *Mémoires*, I, p. 481.

droicte les compagnies de Navarre, ausquelles se joignirent aprez partye de celles de Champagne, et à la gauche les compagnies du régiment de Piedmont. — A la queue des deux bataillons des gardes il y avoit deux troupes de gentilshommes volontaires à pied, l'un conduict par Vynes et l'autre par La Saladie à la bataille ; marchoient aussy 4 autres bataillons, 2 de Champagne, un de Rambures et un de Beaumont placez viz à viz les distances de l'avant-garde et distans de 200 pas.

A l'arrière-garde marchoient en mesme ordre et en mesmes distances 4 autres bataillons, 2 Du Plessis Praslain et deux de La Milleraye.

La relation de Mr de Schonberg porte qu'à la queue de chacun desdits bataillons marchoient les gentilzhommes volontaires qui n'avoient point de chevaux, lesquelz estoient armez de cuirasses, espées et hallebardes avec ordre de donner dans les flancs des bataillons ennemis en mesme temps qu'ils baisseroient les picques vers les nôtres.

On dit que cêt ordre avoit esté trouvé par le Roy et que c'estoit la meilleure façon qui ayt jamais esté praticquée de se servir de la noblesse volontaire sans jalousie des capitaines de l'infanterye.

Il est vray néantmoins que la pluspart des volontaires estoient derrière les bataillons des gardes, comme il est dit cy-dessus. Mais il pouvoit bien y en avoir d'autres répànduz dans les autres bataillons, selon ce qu'ilz y avoient des amiz avec lesquelz ils s'estoient engagez. Ces 12 bataillons estoient suiviz de 3 moyennes qui ne peurent arriver au combat faulte d'attelage.

A l'aisle droite de l'armée estoient en 2 esquadrons les gendarmes et chevaux-légers du Roy, et à la gauche ceux de la Reyne avec plusieurs gendarmes volontaires en 2 autres esquadrons. 200 pas devant l'armée marchoit Mr de Bussylamet avec 20 ou 25 [1] de sa compagnie et plusieurs volontaires, sçavoir C. de Harcour, D. de Retz. — M. d'Ussel, général des gallaires, Villequier.

M^r le Maréchal de Schonberg commande de marcher en cêt ordre vers le bourg de la flotte, et envoye Mr de Marillac avec la cavallerye entre le bourg de St Martin et la flotte pour empescher que les ennemis qu'on luy avoit asseuré estre encor logez à la flotte ne se peussent retirer et recognoistre leur contenance soit dans leurs retranchemens soit au-devant s'ilz estoient resoluz de venir au combat.

Mr du Plessis, sergent de bataille, eut commandement de faire suivre l'infanterie, estendant les bataillons, et de ne les former que de 8 de hauteur, affin que l'armée parust plus grande aux ennemis.

A 500 pas de la flotte, Mr de Schonberg eut adviz que les ennemis l'avoient quicté de grand matin.

Mr de Marillac ayant faict ce qui luy estoit commandé et voyant les ennemis en bataille entre les

---

[1] Mestres.

moullins de St Martin et le faulxbourg faisans fort bonne mine, creut que l'infanterye des ennemis estoit encor dans le dit bourg; mais Mr de Thoiraz ayant faict sortir 5 ou 600 hommes de Champagne affin d'emporter leurs travaux à la faveur de notre armée les trouve deslogez et joinct à notre cavallerye auprez de la citadelle; son infanterye se joignit à l'armée.

Mr de Schonberg s'estant un peu advancé avec cavallerye vers 2 esquadrons de celle des ennemis entre 2 moulins à vent que couvroient leur infanterye (laquelle couloit le long de la mer vers l'isle de Loye distante des deux lieues du fort St Martin.)

Leur ordre estoit de 3 bataillons d'infanterye d'environ 5000 hommes en tout, qui marchoient l'un aprez l'autre et laissoient leur cavallerye à la retraicte en 2 esquadrons d'environ 80 ou 100 chevaux en tout. Leur desseing estoit de se retirer dans la dîte isle de Loye par un pont qu'ilz avoient faict depuis 4 jours sur un canal de 20 pas de large qui la sépare de l'isle de Ré et est au bout d'une chaussée de 1000 pas entre des maraiz salans; lequel pont ilz vouiaient rompre aprez estre passez). Ce qui luy fit haster la sienne, et s'approchant cependant avec cavallerye de ces 2 esquadrons. Ilz se retirèrent vers leur infanterye qui estoit désià assez esloignée. Mr de Schonberg marchant avec toutte l'armée en l'ordre cy-dessus les suivit 2 lieues durant depuis St Martin jusques au lieu où on fit le combat. Mr de Thoiraz, dès le commencement, estoit d'advis de combattre, et, durant la retraicte des ennemis qui dura depuis 8 heures du matin jusques à 4 heures du soir que commencea le combat, il se tint plusieurs conseilz de guerre, où Mʳ de Schonberg et M. de Marillac insistèrent toujours à ne point combattre [1], s'il ne s'en offroit une occasion sy advantageuse que la victoire nous feust asseurée, n'estant pas à propos de hazarder la réputation des armées de Sa Majesté, puisque le siège de Ré estoit levé qui estoit l'effect pour lequel on estoit passé dans l'isle. — Exemple d'Amyens allégué.

Mʳ de Marillac estant à la teste de la cavallerye poussa plusieurs fois celle des ennemis, laquelle estant soustenue de leur infanterye, et la nôtre ne pouvant suivre sy viste, il n'oza enfoncer, de crainte d'engager le combat et encor avec désavantage.

Cela se passa ainsy durant 2 heures en une lieue de chemin qu'il y a depuis St Martin jusques à La Couarde [2].

Les ennemis se retirans dans la Couarde, Mʳ de Thoiraz propose encor de les combattre. (Les ennemis parurent se disposer à la bataille au-devant de la Couarde, estimant peult estre que l'on les chargeroit auparavant que toutes les troupes fussent joinctes; mais voyans Mʳ le Maréchal faire ferme avec la cavallerye attendant son infanterye qu'il faisait venir en diligence,

---

[1] Fontenay-Mareuil, *Mémoires*, I, p. 193.
[2] Voy. Richelieu, *Mémoires*, I, p. 481. Pour les détails de la retraite des Anglais, voy. Baudier, *Histoire du maréchal de Toiras*, in-fº, 1644, p. 99.

ilz se retirèrent à travers le dit village. M⁽ le Maréchal les croyant joindre plus tost pris à la droicte du dit village par où des gens du pays luy avoient asseuré qu'il pouvoit aller ; mais ayant trouvé un ruisseau que l'infanterye ne pouvoit traverser qu'avec grand désordre et incommodité (on m'a dit le contraire), il se résolut de la faire marcher par dedans le village, et, pour n'esloigner point les ennemis, passa luy-mesme avec la cavallerye ledit ruisseau).

On tint nouveau conseil, où il fut résolut ainsy qu'auparavant de ne rien hazarder. Cela donna temps aux ennemis de s'esloigner et de prendre un lieu advantageux à la teste du village de la Couarde, pour présenter une apparence de bataille et cependant favoriser leur retraicte. Ilz firent aussy pour ce subject paroistre tous leurs drapeaux à la première teste de l'un de leurs bataillons à l'entrée du dit village ; dont M⁽ de Marillac se doubtant, il porta le petit escadron de Russy jusques aux premières mousquetades, desquelles voyant une grande descharge, il ne peut croire autre chose sinon que les ennemis estoient logez dans le bourg, comme c'estoit le mieux qu'ilz pouvaient faire que d'y attendre la nuict, à la faveur de laquelle ils se pouvoient retirer sans perte et sans désordre.

Les paysans du bourg donnent adviz à M⁽ de Marillac que les ennemis avoient passé le bourg et continuèrent leur retraicte.

Il y eut diversité d'adviz par quel chemin on les sui-

vroit, ou à travers le village ou par dehors, à cause que
l'on disoit qu'il y avoit maraiz des deux costez; mais
Mʳ de Thoiras assura que le chemin de main droicte estoit
fort bon. On y fit donc passer la cavallerye et non l'infanterye (soubz prétexte d'un petit ruisseau où il n'y avoit
ruisseau que jusques à la cheville du pied) que l'on renvoya passer à travers le village; à quoi s'estant employé
beaucoup de temps à cause qu'un grand corps ne
sçauroit passer autrement à la file, les ennemis eurent
loisir de s'éloigner et de se remettre en bataille à une
lieue de là, à la teste des dunes, proche d'une maison où
leur cavallerye avoit un espace de près de 400 pas [1].
Ce lieu est l'entrée et la teste de la chaussée de 1000 pas,
dont il est parlé cy-dessus, au bout de laquelle estoit le
pont que les ennemis avoient préparé pour favoriser
leur retraicte, et d'autant qu'ilz ne pouvoient passer que
8 ou 10 de front, ilz laissèrent leur arrière-garde et leur
cavallerye pour donner loisir au reste de se retirer.
Mʳ de Schonberg les ayant joinctz en cet estat et voyant
le grand advantage qu'il y avoit à les charger ainsy demy
passez, il commanda aux 2 bataillons des gardes
d'envoyer les pelotons de mousquetaires qui estoient à
leur droicte et à leur gauche pour commencer l'escarmouche (ce qu'ilz firent d'un lieu fort avantageux) et à
Mʳ de Bussy avec environ 40 chevaux qu'il commandoit y compris les volontaires nommez cy dessus de

---

[1] Voy. Richelieu, *Mémoires*, I, p. 483.

donner en mesme temps à la cavallerye des ennemis qui en ce lieu-là estoient 30 m. . . — lesquels vinrent très bien à la charge; la plus part furent tuez d'abord et le reste renversé sur leur infanterye, laquelle attaquée très vigoureusement par les bataillons des gardes et par le reste de notre cavallerye que Mr de Marillac commandoit pour soustenir Mr de Bussy et ensuitte par le reste des plus advancées de nos troupes se mit en désordre sur la chaussée, et puis se desbandèrent tout-à-faict : alors le carnage fut grand, et y en eut aussy quantité de noyez et tuez dans les maraiz des deux costez de la chaussée, laquelle les nostres passèrent tous à pied; car les chevaux n'y pouvoient passer à cause du grand nombre de morts et le pont qui estoit au delà au bout duquel nous prismes 4 pièces de campagne que les ennemis avoient placées pour le deffendre.

Nous gangnasmes aussy un retranchement que les ennemis avoient faict et les poursuivismes plus de 200 pas par delà le pont, où leur avant garde et bataille qui estoient la pluspart passées avant le combat firent ferme sur les lisières des maraiz salans dont toutte l'isle de Roye est plaine; aussy ilz paraissoient estre en bataille, et néantmoins le lieu ne le permettoit pas. Mr de Marillac jugeant que, s'ilz s'avanceoient vers noz soldatz les plus advancez et qui, comme gens qui donnent la chasse aux autres, n'estoient point en ordre, les pourroient deffaire, il commanda la retraicte. A ce mot la peur se mit parmy les soldatz des nôtres les plus advancez qui se mirent à fuir de telle sorte qu'ilz portèrent par terre Mʳ de Marillac, lequel à l'endroict où estoient les susdites 4 pièces de campagne leur voulloit faire tourner visage. Mʳ de Feuquière voyant cela dit au comte de Saligny, capitaine au régiment des gardes qu'il valloit beaucoup mieux donner passage à ces fuyardz de peur qu'ilz ne les renversassent, ainsy qu'il fut faict; et lors le comte de Saligny, Mʳ de Feuquière, Porcheux capitaine au régiment des gardes, Aubigné, cadet de Chappes, Corbeville, Arnauld[1]. . . . . firent ferme dans une petite poincte de retranchement 50 pas au-delà du pont, et les ennemis n'ozans les enfoncer, ils empeschèrent par ce moyen le grand désordre qui sans doubte fût arrivé, et mesme, Mʳ de Marillac commandant ensuitte la retraicte, Mʳ de Feuquière conserva les 4 canons en les jetant dans le canal d'où on les retira depuis en ce lieu où Saligny, Feuquière et autres firent ferme. Porcheux eut la cuisse[2] d'une mousquetade dont il est guéry. Au combat de la cavallerye le général des galaires receut un coup de pistollet de deux balles à brusle pourpoinct dans l'épaule dont il est guéry, Mʳ de Villequier un autre coup de pistollet dans l'espaule et Mʳ de La Jaille un coup de pistollet dans la cuisse par un des nostres, et 8 ou 10 soldatz tuez et autant de blessez.

[1] La ligne est inachevée dans le manuscrit.
[2] Un mot manque.

Tilladet, Navailles, Vieuxbourg et Rassigny furent aussy un peu blessez.

Le combat ayant commencé à 4 heures et duré jusques à 6 que la nuict estoit fermée, on se retira la pluspart des troupes au fort de la Prée, d'autres à St Martin, Monsieur de Schomberg laissant seullement au bout de la chaussée, à la teste des dunes, la compagnie de Bussylamet en garde et 2 régimens dont celluy de Beaumont en estoit un.

M' de Schonberg se logea avec partye de l'infanterye dans le bourg St Martin et logea le reste avec la cavallerye dans La Couarde, La Flotte et le fort de La Prée.

Il a esté *tué ou noyé* en ceste défaicte *plus de 1650 Angloix*, entre lesquelz Carle Rick, frère du C. de Holland, son lieutenant colonel, le chevallier Alexandre, colonel et cousin de Bouquingham, le colonel Halé, le colonel Bingleye, le colonel, 35 capitaines, plusieurs autres officiers et le lieutenant de la cavallerye.

Il y a eu environ *150 prisonniers* [1], entre lesquelz est le meydlord Montjoye, général de la cavallerye, le colonel Grais, Escossois, général de leur artillerye, plusieurs capitaines et officiers et le frère du chevallier de La Chaize. Le Roy renvoya depuis par mer tous ces prisonniers sans rançon à la Reyne d'Angleterre, sa

---

[1] Voy. Richelieu, *Mémoires*, I, p. 484.

sœur[1], excepté le meydlord Montjoye et le colonel Grais, qui aprèz avoir receu toutes sortes de bons traictements de Sa Majesté et de très-grandes civilitez des principaux de l'armée sont venuz en poste à Paris, acompagnez par le Sr de Meaux, où aprez avoir esté très-bien receuz des Reynes, ilz ont continué leur chemin en poste à Callaiz et de là en Angleterre, le roy les ayant donnez à sa sœur comme les autres. — *46 drapeaux* pris, dont 44 arrivez à Paris, conduictz par St Simon en grande cérémonie, les gendarmes de la Reyne, mère du Roy, ses gardes et quantité de gentilzhommes les accompagnans, ilz allèrent descendre au Louvre le mardy 21 Décembre, où, aprez que les Reynes les eurent veuz, ilz furent menez en mesme cérémonie dans Nostre-Dame, où les Reynes se trouvèrent aussy. — *4 pièces de campagne* prises; elles furent menées avec les drapeaux jusques à Notre-Dame et de là à l'Arsenal.

Aussy tost aprez le combat, Mr de Schomberg despescha Mr de Beringhen au Roy avec ceste lettre :

Sire,

J'ay faict en un mesme jour la descente en Ré, veu lever le siège de la citadelle et deffaict l'armée Angloise, de laquelle nous avons tué 1200 hommes, pris environ 20 drapeaux et de leurs chefz, entre lesquelz est le

---

[1] Voy. Richelieu, *Mémoires*, I, p. 498. — *Mercure français*, XIV, p. 206.

général de leur cavallerye, nommé le meydlord Montjoye. Celuy-là m'a dit que le duc de Bouquingham s'estoit trouvé au combat et y avoit esté blessé d'une mousquetade. Sans les marais advantageux où les Angloix se sont sauvez, il n'en fust pas resté un seul. Je croy qu'ilz s'embarqueront tous ceste nuict. Sy cela arrive, je scauray demain matin des nouvelles et les feray sçavoir à Votre Majesté, de laquelle attendant les commandements je feray raser les tranchées et les travaux que les Angloix ont faict autour du fort. Il y a eu de blessez en notre combat M^r le Général des gallaires d'une mousquetade à l'espaule, que l'on croit n'estre pas dangereuse, Mr de Villequier d'une au travers du corps et le pauvre Mr de Porcheux la cuisse rompue d'une autre. Voilà ce que peut dire à la haste à Votre Majesté [1],

Sire, vostre...

Mardi 9. — Les Angloix s'embarquent dès la pointe du jour avec tant de haste que la plus part se mit dans l'eau jusques au col.

Le soir le Duc de Bouquingham envoya un gentilhomme à M^r le Maréchal de Schomberg luy demander les mortz et scavoir ce qu'il vouloit faire des prisonniers.

Il dit que quant aux prisonniers il falloit attendre la

[1] La lettre citée par Arnauld est plus détaillée que celle insérée au *Mercure français*, XIV, p. 203.

response du Roy, et que pour le regard des mortz, il les luy accorda. Mʳ de Marillac fut envoyé le lendemain pour cela avec quelques troupes et fit trefve de 4 ou 5 heures jusques à ce que la chose fust achevée.

Le Duc de Bouquinghan ne se trouva pas dans le combat ; mais on croit qu'il fut quelque temps à cheval à la teste des dunes, avant que notre armée y arrivast, pour considérer ce qu'il avoit à faire, et que son inclination alloit à donner bataille.

Mʳ de Soubise, monté sur un cheval gris, passa avec l'avant-garde et bataille, et par ce moyen ne se trouva point au combat.

Vendredi 12. — Comme la Reyne, mère du Roy estoit sur le Pont Neuf allant aux Carmélites, Beringhen luy apporte nouvelles de la part du roy de la deffaite des Angloix. Elle fit arrester son carrosse et dit tout hault au peuple ceste bonne nouvelle, qui par ce moyen se respandit en un instant.

Samedi 13. — Te Deum chanté à Notre-Dame. La Reyne, mère du Roy, estoit dans un oratoire à main droicte. Mʳ le Cardinal de Bérule avec sa chappe se mit à costé d'elle en la place qu'eust tenue son grand aumosnier. — Reyne regnante à main gauche. — Mʳˢ les Evêques de Beauvaiz et de Limoges, ses grand et 1ᵉʳ ausmosniers prez d'elle avec rochetz. — Mʳ de Paris revestu d'habitz pontificaux dans sa chaise episcopalle.

— Parlement aux chaires du cœur à main droicte en entrant; quelques chanoines aprez eux aux chaires du bout. — Chambre des Comptes idem à main gauche. — Le Cardinal de La Rochefoucault ne s'y voulut trouver, disant qu'il n'allait point en ces cérémonies sans estre mandé.

Le Cardinal de Bérule arrivant avant la Reyne, Mr de Paris qui attendoit à la porte le fut conduire 4 ou 5 pas dans la nef et vouloit aller jusques au cœur; mais il ne le voulut souffrir. Après cérémonie, M^r le Cardinal attendit que Mr de Paris fust devestu, et puis Mr de Paris le fut conduire jusques à son carrosse.

17 et 18. — Les Angloix ont levé l'ancre et s'en sont allez.

Jeudy 18. — Ma femme accouche à Paris à 4 heures d'une fille baptisée à St Merry le mesme jour, tenue par M^r d'Aurac et par Madame de Ligny et nommée Marye Charlotte.

Vendredi 19. — Monseigneur arrive à Paris en poste, revenant de l'armée et faisant revenir toute sa maison avec dessein de passer l'hyver à Paris.

19, 20, 21. — Les troupes qui estoient passées en Ré sont repassées, et M^r le Maréchal de Schomberg remandé par le Roy est revenu trouver Sa Majesté le 22.

Samedi 27. — 5 vaisseaux du Comte de Holland arrivent à la poincte de Ré, et apprenans par quelques'-uns des leur qui mirent pied à terre la deffaicte du Comte de Holland qu'ils n'avaient point rencontré en chemin, ilz s'en retournent sans mouiller l'ancre. On tient que le Comte de Holland les attendoit à 50 lieues de là avec 30 autres vaisseaux et qu'il amenoit un grand secours.

Grande dispute entre M. d'Elbeuf et M. de Chaulnes touchant le logis de Mr de Chaulnes dans Amyens que Mr d'Elbeuf voulut prendre, disant qu'il avoit tousiours esté aux gouverneurs de la province. Ce qui est vray, pour ce qu'ilz l'avoient achepté après la mort de son frère, le connétable de Luynes. Il eust donc fallu que Mr d'Elbeuf l'eust achepté comme les autres.

DÉCEMBRE

Mercredi 1er. — Mort de Mr de Beaumont, 1er maitre d'hostel du Roy. — Sa charge de maitre d'hostel baillée à [1] . . . . . moyennant [2] . . . . . de récompence à la vefve et aux enfans en nombre de 14; son régiment à [3] . . . . . et le gouvernement de La Fère à [4] . . . . .

---

[1] En blanc dans le manuscrit.
[2] *Idem.*
[3] *Idem.*
[4] *Idem.*

Jeudi 9. — M͏ʳ le Prince part de Lyon avec 4 canons. Le 11 il arrive à Valence [1].

Dimanche 12. — Il se trouve au rendez-vous général de ses troupes à un quart de lieue de Soyon [2], place sur le Rhosne, dont les Huguenotz, conduictz par Brison, s'estoient renduz maistres.

Bourg et M. de Ragny, maréchaux de camp, M. de Nangis, C. de Tournon, C. de Charluz, Vᵗᵉ de Lestrange, Montreul et autres volontaires faisans environ 100 chevaux. — Régiment de Falxbourg. 4 compagnies du Régiment de Sault. — 600 hommes levez par C. de Tournon; tout cela faisant II m. hommes de pied. — Les compagnies des gardes de M. le Prince et de Mʳ de Créquy de 40 carabins chacune. — . . . . de Soyon — Ragny faict les aproches — demandent à parlementer. — Refusé. — S'enfuyent la nuict — estoient 500 hommes — vont à Beauchastel. — Mʳ le Prince y va le lendemain — s'estonnent, s'enfuyent et Brison avec eux.

2 jours auparavant 40 rebelles attaquez dans St Auban furent tous tuez, excepté 6.

Lundi 20. — Montaigu [3], Angloix, amené à la Bas-

---

[1] Richelieu, *Mémoires*, I, p. 495.
[2] *Mercure français*, XIV, p. 407.
[3] Richelieu, *Mémoires*, I, p. 486. — Fontenay-Mareuil, *Mémoires*, V, p. 190, dit qu'il fut remis en liberté sur la demande du duc de Lorraine. — *Mercure français*, XIII, p. 557 et XIV, p. 123.

tille par Mʳ de Bourbonne (accompagné de 500 chevaux), lequel l'avoit pris quelque temps auparavant 3 lieues dans la Lorraine et amené en son gouvernement à Coiffy dont il sembloit que Mʳ de Lorraine eust desseing de l'enlever. C'est le grand confident de Bouquingham et il revenoit de Savoye[1]... chargé de grands mémoires et instructions. On luy baille lict et sièges de damas vert tapisserye de Bergame. Au commencement on luy avoit osté ses gens. Incontinent aprez on les luy rebaille avec liberté de se promener sur la terrasse. Mʳ de Bulion envoyé de la cour pour l'interroger.

Lundi 27. — Mʳ le Prince arrive à Montpellier, suivy de ses troupes.

Mʳ de Fossez avoit quelque temps auparavant repris par intelligence le château de *Courconne*, place à l'entrée des Sevennes, par sa [2] mère du bestail de la montagne, dans le Bas Languedoc, et dont l'assiette est sy fort qu'estant maintenant en l'estat que Mʳ de Rohan la faict fortiffier, elle est imprenable autrement que par famine ou par intelligence.

Mʳ de Fossez ayant aussy apriz quelques jours auparavant qu'outre la boulle rouge en champ d'argent que Montpellier a pour ses armes, il y avoit autresfois une vierge au-dessus portée par deux anges et ayant

---

[1] Ici un espace en blanc dans le manuscrit.
[2] *Sa* mis pour *ça*.

les pieds sur la boule, ainsy qu'il se void par le seau de la ville faict il y a 300 ans et une cloche qui est encor restée depuis que les Huguenotz ont occupé Montpellier, il proposa dans une assemblée de ville convocquée pour d'autres affaires de remettre lesdites armes en leur entier et leur représenta les malheurs arrivez à leur ville, depuis qu'ilz avoient habandonné la Vierge, qui de tout temps estoit leur protectrice. Sur quoy, d'une commune voix, tant Catholiques que Huguenotz furent d'aviz de rétablir partout l'image de la Vierge au-dessus de leurs armes; ce qui a esté exécuté.

Vendredi 31. — Les garnisons de *Vauvert* [1] (appartenant à Mr de Ventadour et pris par les Huguenotz le 26 Décembre sur le gouverneur qui estoit auparavant d'intelligence avec ceux de Nismes pour leur donner retraicte, quand ilz amenoient du sel de Provence) et *Quilla*, appartenant au baron d'Aubaye, lieutenant au gouvernement de Nismes, sçachans que Mr le Prince (arrivé à Aigues-Mortes le 29, où Mr de Montmorency le vinst trouver) les venoit attaquer avec 10 compagnies du régiment de Normandie, le régiment de Falxbourg et quelques autres troupes et des canons qu'il avoit tirez d'Aisgue-mortes, ilz habandonnèrent la place en telle haste que quelques uns se noyèrent passant un marest, et se retirèrent en l'armée

---

[1] Voy. *Mercure français*, XIV, p. 405.

de Mʳ de Rohan qui avoit beaucoup plus de troupes que Mʳ le Prince et avoit faict mine de voulloir deffendre lesdites places importantes pour la commodité de Nismes, et l'eust faict sans doubte sans l'entreprise de Montpellier, comme il se verrra cy-aprez. Mʳ le Prince faict razer Quilla dont le peuple de Nismes, qui ayme le baron d'Aubaye, s'esmeut tellement contre Mʳ de Rohan qu'il se retira dans son logis sans chappeau et sans manteau.

PARIS — TYP. PLON-NOURRIT ET Cie, 8, RUE GARANCIÈRE.

JOURNAL INÉDIT

DE

ARNAULD D'ANDILLY

(1628-1629)

JOURNAL INÉDIT

DE

ARNAULD D'ANDILLY

JOURNAL INÉDIT

DE

ARNAULD D'ANDILLY

1628-1629

PUBLIÉ D'APRÈS LE MANUSCRIT AUTOGRAPHE

PAR

EUGÈNE HALPHEN

ET

JULES HALPHEN

PARIS

CHAMPION, LIBRAIRE-ÉDITEUR

Quai Voltaire, 9

1907

JOURNAL INÉDIT

DE

ARNAULD D'ANDILLY

1628-1629

PUBLIÉ D'APRÈS LE MANUSCRIT AUTOGRAPHE

PAR

EUGÈNE HALPHEN

ET

JULES HALPHEN

PARIS

CHAMPION, LIBRAIRE-ÉDITEUR

Quai Voltaire, 9

1907

A BERTHA EUGÈNE HALPHEN

10 Décembre 1907

AVERTISSEMENT

Nous offrons aux curieux de l'histoire les années 1628 et 1629 du *Journal inédit d'Arnauld d'Andilly* Elles sont très courtes; nous avons pensé qu'il était bien de les réunir. Il est utile, pour les placer dans leur cadre, de se rappeler les faits généraux de l'histoire. Nous avions l'intention de mettre en tête de ces années une analyse des faits généraux; mais, le président Hénault ayant fait ce résumé mieux que nous ne le pourrions faire dans son *Abrégé chronologique de l'histoire de France*, nous reproduisons cet extrait, pensant que les lecteurs seront contents de trouver un cadre tout fait pour y placer les détails que donne en grande quantité Arnauld d'Andilly.

Nous regrettons de n'avoir pas eu cette idée pour les années précédentes.

Le *Journal d'Andilly* s'arrête à l'année 1632 incluse. Nous espérons terminer l'année prochaine la publication de ce *Journal* si intéressant et si détaillé. Nous savons que cette œuvre a été accueillie avec bienveillance par les curieux de l'histoire; nous les remercions et nous les prions de vouloir bien accueillir avec la même faveur la présente plaquette et celle qui la suivra.

1628

Entreprise du duc de Rohan sur la citadelle de Montpellier, manquée. M. le Prince prend Pamiers et Réalmont, fait le dégât autour de Castres et secourt Cressels, proche de Milhau, attaqué par M. de Rohan. Le Pousin, Mirabels, Chemeras, Bays et Garlagues rendus par le roi au duc de Montmorency.

Traité entre le roi d'Angleterre et les Rochelois; Buckingham envoie une flotte qui n'est pas assez considérable et qui revient le 18 mai sans succès. On a voulu en trouver une cause secrète dans une lettre qu'on a prétendu que le cardinal de Richelieu avait engagé la reine à écrire au duc de Buckingham; mais ce fait aurait besoin d'être prouvé. Buckingham est assassiné à Portsmouth le 2 septembre. Clarendon, auteur accrédité, raconte un fait bien singulier au sujet de cette mort. Georges Villiers, père de Buckingham, mort depuis plusieurs années, apparut à un vieil officier de sa connaissance, pour lui dire d'aller de sa part déclarer à son fils que, s'il ne se rendait plus agréable à la nation, il périrait d'une mort violente. L'officier, comme de raison, prit cette apparition pour un rêve;

le spectre ne se rebuta point, il revint jusqu'à trois fois ; et, pour autoriser cet homme dans la mission dont il le chargeait, il lui apprit quelques particularités qui n'étaient connues que du duc et qui lui prouveraient qu'il n'était pas un visionnaire. L'officier obéit enfin et alla trouver Buckingham, qui parut troublé des choses que cet homme lui révéla. Clarendon finit cette histoire en disant « qu'elle avait plus de fondement et de vraisemblance que n'ont accoutumé d'en avoir ces sortes de prédictions ». J'ai cru cette anecdote digne d'être rapportée, non pour qu'on y donne beaucoup de créance, mais seulement pour faire voir la grande idée que l'on avait en Angleterre du duc de Buckingham, puisque, ainsi qu'il arrive à la mort de tous les hommes extraordinaires, on accompagnait la sienne de circonstances merveilleuses, comme si on voulait qu'ils ne puissent cesser de vivre que comme ils ont vécu.

La flotte que Buckingham avait préparée, bien plus forte que la première, va faire un troisième et dernier effort en faveur de La Rochelle : le commandeur de Valençai la combat, comme il avait fait la première fois. Le roi, qui était retourné au siège dès le 19 mars, fut toujours à la batterie de Chef-de-Bois, ou de Baye, où plus de trois cents boulets passèrent par-dessus sa tête. Les Anglais travaillent en vain à forcer la digue achevée par Pompée Targon. La flotte retourne en Angleterre et La Rochelle se soumet au roi le 28 octobre. Le roi y fit son entrée le premier jour de novembre; les fortifications furent démolies, les fossés comblés, les habitants désarmés et rendus taillables; l'échevinage et la communauté de ville, abolis à perpétuité, et la religion catholique rétablie. Ce fut un coup mortel pour le calvinisme, et l'événement le plus glorieux et le plus utile du ministère de Richelieu.

Ainsi fut soumise cette ville qui, depuis près de deux cents ans, s'armait contre ses maîtres et choisissait toujours pour se révolter, suivant la politique des séditieux, le temps où nos rois avaient le plus d'embarras.

Le roi d'Espagne, les ducs de Savoie et de Lorraine, qui attendaient l'événement de ce siège pour se déclarer, restèrent tranquilles dès qu'ils en virent le succès. Le cardinal disait qu'il avait pris La Rochelle en dépit de trois rois, le roi d'Espagne, le roi d'Angleterre et surtout le roi de France; ce qui rendait cela vrai de Louis XIII était les incertitudes que lui jetaient dans l'esprit les ennemis de ce ministre, jaloux de la gloire qu'il allait s'acquérir.

Charles Ier casse un troisième parlement, qui ne voulait pas se soumettre à ses volontés : ce qui fit voir la force des parlements, dit Clarendon, puisque l'autorité souveraine semble alors être réduite à la dure nécessité d'en abolir l'usage, ne pouvant en borner la juridiction.

Les Hollandais continuent leurs conquêtes sur mer. Pierre Adrien part pour les Antilles et pour le Mexique et attaque la flotte d'Espagne, qu'il brûla après en avoir pris tous les effets. Pierre Hein attaque une autre flotte qui venait du Pérou au Mexique et lui enlève pour plus de seize millions d'argent ou de marchandises. Le capitaine Charpentier et Pierre de Nuits font de nouvelles découvertes aux Indes orientales, et donnent leurs noms aux pays qu'ils ont reconnus. Cet établissement des Hollandais dans les différentes parties du monde donne lieu à une réflexion générale sur le commerce de l'Orient et de l'Occident, pour savoir en quoi principalement ils diffèrent aujourd'hui; et il paraît que la différence qu'il y a entre le commerce de l'Amérique et celui des Indes est que le premier entretient les manufactures en Europe, au lieu que le second entretient celles des Indes; ce qui nous attire l'argent de l'Amérique et attire le nôtre en Orient.

JOURNAL INÉDIT

DE

ARNAULD D'ANDILLY

1628-1629

(Bibl. de l'Arsenal. Le *Journal d'Arnauld* occupe les N°s 5178 à 8185.)

1628.

JANVIER

Samedi 1ᵉʳ.

Mercredi 5. — Une grande tourmente renverse plusieurs pierres de la *digue* de La Rochelle, qui n'avoient pas assez de talu et les arrange sy bien que cela a monstré comment il fault faire. [1]

Mardi 11. — Le marquis de *Spinola* arrive à Paris allant en Espagne [2] — loge chez l'ambassadeur d'Espagne. Il void deux fois les Reynes — void Monseigneur. Mʳ Bagny nunce luy donna à disner et à son filz, à Dom Diego Messia, son gendre, et aux ambas-

---

[1] Voy. Fontenay-Mareuil, *Mémoires*, p. 196. — Bassompierre, *Mémoires*, III, p. 344.
[2] Richelieu, *Mémoires*, I, p. 510.

sadeurs d'Espagne et de Flandres. Les 2 filz de l'ambassadeur d'Espagne et Mr de Bonoieul y estoient aussy.

Jeudi 13. — La nuict du Jeudy et Vendredi, les Rochelois sortant de 2 costez, le premier en nombre de . . . . .¹ hommes, vers Bonne Graine; prennent une petite redoute qui est au bas de Bonne Graine, où il y avoit 22 hommes, en tuent 15 sur la place, blessent les autres et en emmènent 2 ou 3 prisonniers. — Les autres en nombre de . . . . .² avec 11 ou 12 chaloupes, vont vers Chef de bois en dessein d'enlever Mr de Marillac, qui couche prez la digue . . . Tout ce qu'ilz firent fut de prendre une pinasse et la chaloupe de Mr de Thoiras, qui avoit mouillé l'ancre du milieu du hâvre pour servir de sentinelle.

Mercredi 19. — Mr le Duc de La Roche Guyon, estant allé quelques jours auparavant à l'armée, meurt à Marans d'une fièvre continue de 8 jours³. Le Roy donne à St-Simon sa charge de grand louvetier que Mr de Lyancour eust fort désirée.

Ledit jour. — Entreprise de Montpellier⁴ 7 mois

---

[1] En blanc dans le manuscrit.
[2] En blanc dans le manuscrit.
[3] Voy. Moreri, t. IX, p. 432. — François de Silly, duc de la Roche Guyon, fils de Henry de Silly et d'Antoinette de Pons, dame d'honneur de la reine, chevalier des ordres du roi, grand louvetier de France.
[4] Voy. *P. Griffet*, t. I. p. 578. — Fontenay-Mareuil, *Mémoires*, p. 196. — Rohan, *Mémoires*, p. 572. — *Mercure français*, 1628, p. 25.

auparavant, le Baron de Meslay (qui quelque temps auparavant cela avoit espousé une Huguenotte à Montpellier), 2 capitaines du régiment de Normandie estans à une maison de sa femme, le Baron de Bretigny, frère de Mʳ de Danjau luy propose de favoriser une entreprise à Mʳ de Rohan pour se rendre maître de la ville et citadelle de Montpellier, à condition d'en estre gouverneur, d'estre lieutenant général en l'armée de Mʳ de Rohan ou d'avoir 11ᵉ m. écus qui luy seroient payez par Mʳ de Rohan, le Baron de Meslay, voyant qu'il le traictoit de traistre, le voulant ainsy engager à couper la gorge à tous ses compagnons soubz prétexte de l'alliance qui estoit entreux et qui faisoit qu'ilz s'appelloient cousins, il se résolut de se venger en servant le Roy et luy dit que l'affaire estoit d'assez grande importence pour y penser, qu'estant de retour à Montpellier il luy feroit sçavoir de ses nouvelles par un fort brave soldat nommé Cadet, qu'il avoit nourry lacquais et auquel il avoit entière confience. — Mʳ de Meslé advertit de ce que dessus Mʳ de Fossez qui le mande au Roy malade lors à Villeroy par Mʳ de Bellefons, capitaine au régiment de Normandie. Sa Majesté en tesmoigna joye et manda à Mʳ de Fossez qu'elle remettoit entièrement à sa prudence et à sa fidellité la conduicte de ceste affaire. Mʳ de Meslé parle à Cadet, comme estant gangné par Mʳ de Rohan et voulant faire sa fortune. Cadet luy promet de faire absolument tout ce qu'il luy commanderoit. Il l'envoye vers Bretigny pour nouer l'affaire. —

Mʳ de Rohan estant en Foix et prest de se rendre maître de Montauban, où il avoit une grande faction, Mʳ de Fossez, par le moyen de Cadet envoyé par Mʳ de Meslé, faict revenir Mʳ de Rohan dans le Bas-Languedoc, disant qu'il ne falloit point perdre de temps à exécuter l'entreprise. Mʳ le Prince prit Vannes et Quilla par ce mesme stratagème, un semblable adviz empeschant Mʳ de Rohan de les secourir. Mʳ de Rohan ne se voulant résoudre à tenter l'entreprise jusques à ce que les murailles de la ville de Montpellier fussent ouvertes du costé de la citadelle, Mʳ de Fossez peu-à-peu les fit ouvrir en 3 endroitcz. En suitte Mʳ de Rohan, pour s'asseurer de l'estat de toutes choses, envoya en habit de soldat un ingénieur au Baron de Meslay qui le mit en sa compagnie pour luy faire voir tout sans soupçon. Mʳ de Fossez dès lors fit faire avec très grande négligence les gardes de la citadelle, sachant que le desseing de Mʳ de Rohan estoit de donner par lesdites deux lignes avec 4000 hommes, qui est 2,000 de chasque costé, et ayant escaladé la muraille et le fossé qui n'estoient pas haultz se rendre maître de l'esplanade qui est entre la citadelle et la ville. Mʳ le Prince approchant de Montpellier, Mʳ de Fossez prit ce prétexte (que Cadet fit sçavoir à Mʳ de Bretigny) pour munitionner la citadelle, feignant avoir jalousie de luy et de Mʳ de Montmorency. Mʳ de Rohan voulant secourir Vannes et Quilla assiegez par Mʳ le Prince, Mʳ de Fossez, par le moyen du Baron de

Meslay, à cause de ladite entreprise, l'en empescha disant que sur le poinct de l'exécution il ne falloit pas s'affoiblir d'hommes. M' le Prince ayant esté quelques jours à Montpellier et estant allé à Thoulouze, toutes choses estant prestes, le Baron de Meslay fit sçavoir qu'il estoit temps d'exécuter, et, pour oster tout soupçon de l'assemblée des troupes et s'aprocher d'autant plus prez de Montpellier; il fut avisé que M' de Rohan feroit semblant d'assiéger le château de Courconne qui n'en est qu'à 3 lieues, et de faict il s'y rendit avec 7000 hommes de pied et 300 chevaux. Le soir pris pour l'exécution estant venu, le Baron de Meslay et Guitault, capitaine au régiment de Normandie (auquel M' de Fossez qui avoit à se confier à quelqu'un dudit régiment avoit dit l'entreprise 15 jours auparavant), entrent en garde dans la citadelle. L'ingénieur susdit veoid toutes choses, et le baron de Meslay, avec ses clefz et celles que Guitault (qui feignoit se trouver mal) luy bailla, ouvre toutes les portes, pontz levis, poternes etc. de la porte des champs et faict sortir l'ingénieur pour aller quérir M' de Rohan (vers lequel le Cadet fut aussy) avec ordre que lorsque M' de Rohan seroit proche, il luy envoyroit deux hommes de commandement pour sçavoir s'il ne seroit pas arrivé de changement. A l'instant, M' de Fossez adverty par le baron de Meslay de la sortye dudit ingénieur assemble tous les capitaines, faict prendre les armes à tous les soldatz des deux régimens de Picardye et Normandie qui pouvoient estre 2800 hommes, en laisse 800 aux principalles places et advenues de la ville, avec ordre de tuer tous les habitans qui sortiroient de leurs maisons et tous ceux qui se voudroient jetter par-dessus les murailles — car 4000 habitans huguenotz debvoient prendre les armes — met 1200 hommes aux 3 ouverture de la muraille de la ville (respondantes sur l'esplanade qui va à la citadelle) où il faict en dilligence, avec fort grande quantité d'hommes faire de très grands retranchemens avec grandes barricades derrière et des ouvertures pour donner passage ausdits 1200 hommes qui avoient ordre de sortir sur les 4000 ennemis qui debvoient entrer dans l'esplanade par la ligne de communication et 800 hommes dans la citadelle, dont 500 debvoient aussy sortir en mesme temps sur les ennemis dans ladite esplanade, et les 300 restans, qui estoient tous choisiz, debvoient demeurer dans la citadelle avec Mr de Fossez. Outre ce que dessus, Mr de Fossez fit poincter 20 canons sur l'esplanade chargez de balles de mousquet et faict[1] 100 ou 300 soldatz choisiz avec hallebardes derrière la dernière porte en dedans de la citadelle. Au-dessus du pont-levis faict en trébuchet il met Beins l'ingénieur tenant une hache avec ordre exprez de ne couper la corde que quand Mr de Goussonville[2]. . . . dudit S^r De Fossez lui crieroit : « hault la main! » Toutes choses estant ainsy disposées et dans un très

---

[1] Il y a sans doute un mot passé.
[2] En blanc sur le manuscrit.

grand silence, 2 hommes de commandement viennent à la porte des champs trouver le Baron de Meslay qui leur dit que tout alloit à souhait (auparavant il avoit dit à Mr de Fossez que, s'ilz le vouloient emmener avec luy trouver Mr de Rohan, il estoit résolu d'y aller plustôt que leur donner soubçon, encor qu'il sceust bien qu'esz ce cas ilz luy donneroient 100 coups de poignard aprez sa mort voyans leur entreprise descouverte; mais qu'il ne se soucioit pas de mourir pourveu qu'il rendist un si grand service au Roy) et que, s'ilz vouloient, il les feroit entrer dans la place. Ilz respondirent que non et qu'estant sy brave homme il se falloit fier entièrement à luy; que Mr de Rohan estoit proche, donnoit ses ordres et arriveroit dans demy quart. Le Baron de Meslay leur dit qu'il rentreroit donc et se tiendroit derrière la porte en dedans la citadelle pour la leur ouvrir. Ainsy ilz s'en retournent, et incontinent aprez toutes les troupes ennemies s'aprochent. Mr de Rohan, en venant, changea son dessein de donner par les lignes de communiquation, disant qu'en prenant la citadelle il se rendroit 3 heures aprez maître de la ville. Il avait 7000 hommes de pied et 300 chevaux, et le lendemain il luy vint encore 3000 du Vivarestz qu'il avoit mandez soubz prétexte d'une descente d'Angloix.

L'ordre estoit que 200 hommes choisiz, entre lesquelz grande quantité de gentilzhommes et de gens de commandement, donnoient les premiers; 1000 hommes les soustenoient, puis le reste suivoit. 51 de ces 200 premiers estans entrés, Beins sans attendre le commandement, coupe la corde avec la hache; le pont leviz faict le trébuchet; partye se trouve entre la porte de la citadelle et ledit pont leviz, et le reste tombe dans le fossé. [J'oubliois qu'auparavant le Baron de Bretigny, autheur de l'entreprise, qui estoit à la teste, heurtant à la porte de la cidatelle assez doucement et demandant : « Cousin, êtes-vous là? » un sergent répondit : « Monsieur, il est allé un tour du corps de garde; mais il m'a laissé pour vous dire qu'il revient présentement vous recevoir. Cependant serrez-vous et mettez-vous en bataille. » Lors le Baron de Bretigny dit et fit dire de main en main aux siens : Serre! Serre!] Incontinent ceux de la cidatelle jettèrent quantité de feuz d'artifice dans le fossé et tout à l'entour pour y voir clair et tirèrent sur le gros de dehors, dont on tient qu'il y a eu 100 hommes tuez ou blessez et davantage. Quand à ceux qui se trouvèrent pris, il y en eut 39 tuez et 12 pris prisonniers, dont la pluspart estoient fort blessez. Le Cadet qui les conduisoit s'estant nommé et les nôtres luy ayant jetté une corde pour le tirer, ceux qui estoient auprès de luy l'avoient empesché, disans qu'ilz ne le souffriroient point sy M^r De Fossé et quelqu'un, en son nom, ne leur promettoit la vye, et de faict lorsqu'ilz virent qu'on le vouloit tirer sans leur rien promettre, ilz luy tirèrent et le percèrent en divers endroictz de 22 coups de pistollet, dont il ne mourra pas. Mr de Rohan se retira au désespoir, et, faisant jetter les pains de munition qu'il avoit amenez fit mettre dans les mesmes charrettes ceux qui furent tuez et blessez dehors.

Mortz entre les susdits 51 :

— Le Baron de Bretigny, second frère de M^r d'Angeau et parent de Mr de Rohan;

— Le Baron de Coursillon, son frère;

— Le Baron d'Entrevaux du Vivarestz;

— La Croisette de Castres, cornette de la compagnie des chevaux-légers de Mr de Rohan;

— Privas de Montpellier;

— Fourniquet, frère du Sr de Rattu:

— Rhodet, ministre d'Uzez;

— Le Brugal de St Chal, et autres dont j'ay le mémoire.

Mr de Rohan ayant envoyé prier Mr de Fossez de donner sépulture aux mortz, il luy accorda, et le premier des consulz Huguenotz nommé lui estant venu dire ensuite que quantité de dames prenoient le deuil pour accompagner l'enterrement, Mr de Fossez respondit que, sy on leur faisoit justice, on les laisseroit manger aux chiens, puisqu'ilz sont mortz dans la rébellion, mais que, permettant qu'on les enterrast, il ne vouloit que qui que ce fust leur rendît aucun honneur, et que, s'il ne pouvoit l'empescher, il le vinst advertir. Nonobstant cela, plus de 400 personnes ayant esté à l'enterrement, Mr de Fossez fit mettre ce consul en prison, et depuis, par arrest du conseil, il a esté suspendu pour un an de sa charge et un consul catholique créé au lieu.

Le Roy donne X^m. livres au Baron de Meslé, et à luy et au Sr de Bellefonds susdit, qui lui apporta les nouvelles de l'exécution, la confisquation du Baron de Bretigny.

Vendredi 21. — M^r le Cardinal fait couler à fonds 12 vaisseaux murez venuz de Bordeaux.

Mr de Guise, avec l'armée navalle du Roy et celle envoyée par le roy d'Espagne, arrive en Ré.

Samedi 21. — Le Comte de La Suze[1] arresté dans le Louvre et mené à la Bastille.

Le Comte de Roussy[2] ayant esté pris par M^r d'Elbeuf dans sa maison de . . . . .[3], est amené et mis à la Bastille.

Vendredi, 28. — *Mr de Feuquières*[4], et Mr de la Forest, lieutenants des gardes de M^r le Cardinal, allans à Pilleboireau et passans au pont des Salines, quantité

---

[1] *P. Griffet*, t. I, p. 585. — Ils étaient accusés d'avoir voulu soulever les huguenots.

[2] Richelieu, *Mémoires*, I, p. 524.

[3] En blanc dans le manuscrit.

[4] Bassompierre, t. III, p. 354. — Manassès du Pas, marquis de Feuquières, fils de François du Pas et de Madeleine de La Fayette, né à Saumur le 1er juin 1590, ambassadeur en Allemagne, lieutenant général de Metz et Toul, mort le 14 mars 1640.

de mousquetaires des ennemis estans couchez sur le ventre les tirèrent à brusle pourpoint, tuèrent sur la place La Forest et le cheval de M. de Feuquières, lequel en se relevant destourna deux mousquetz l'un aprez l'autre, qu'on luy avoit appuyez et qui tirèrent sur sa teste. Estant mené à La Rochelle, ilz le mirent à l'hostel de ville et aprez en la Tour de Morette.

M. de *La Roderie*, capitaine au régiment des gardes, meurt. Sa compagnie donnée à [1] . . . . .

Depuis le [2] . . . . . M. *de Porcheux*, autre capitaine au régiment des gardes, mourut aussy. Sa compagnie donnée à M. *de Veynes*, qui estoit lieutenant colonel du régiment de Normandie.

Samedi 29. — Arrest du Parlement de Thoulouze contre M. de Rohan, par lequel, entr'autres choses, sa teste est mise à CL^m livres [3].

Lundi 31. — Le *Marquis de Spinola* [4], arrivé quelques jours auparavant à l'armée, est parfaictement bien receu par le Roy, visite tous les travaux, conduict par M. les généraux de l'armée. Sa Majesté avoit elle-même donné ordre que toutes les gardes fussent en bon estat. Les Rochelois le saluèrent de quantité de

---

[1] Inachevé dans le manuscrit.
[2] En blanc dans le manuscrit.
[3] Voy. Richelieu, *Mémoires*, I, p. 508.
[4] Voy. Fontenay-Mareuil, *Mémoires*, p. 196. — Richelieu, *Mémoires*, p. 511. — Bassompierre, *Mémoires*, III, p. 353.

coups de canon. Il aprouva fort le travail de la digue et parla fort sincèrement du siège au cardinal de Richelieu.

Dom Frédéric de Tolède, commandant l'armée navale d'Espagne venue en France, demanda congé, lequel luy fut accordé. On dit que le prétexte de son mescontentement fut que le Roy ne l'avoit pas faict couvrir; ce qui est sans apparence, veu qu'il n'est pas grand d'Espagne, mais seullement son père. Il ne se couvre pas encor en Espagne.

On dit que le Marquis de Spinola fit ce qu'il peut pour le faire demeurer, se voulant mesmes obliger par escript à le faire trouver bon au Roy, son maistre.

On voit que la cause de ce retour fut la créance de celluy des Angloix. Ainsy les Espagnols seroient venuz à nostre secours aprez asseurez que les Angloix s'en estoient allez et s'en seroient retournez sachans que les Anglois revenaient.

FÉVRIER

Jeudi 10. — *Le Roy part de La Rochelle* pour venir à Paris (où il arriva le 24), laissant à M^r le Cardinal de Richelieu un pouvoir de général de ses armées de terre et de mer, luy ayant donné le commandement au-dessus de M^r d'Angoulesme et de M^{rs} les Mareschaux de Bassompierre et de Schomberg, qui estoient généraux soubz Sa Majesté [1].

Environ ce temps, mort du cardinal de Sourdiz. Mr l'Évesque de Maillezais [2] luy succède en l'archevesché de Bordeaux et en tous ses autres bénéfices, dont il avoit eu quelque temps auparavant la coadjutorerye par la recommandation du Cardinal de Richelieu, lequel il avoit servy à son gré dans ces dernières occasions de La Rochelle.

Jeudi 24. — Le Roy arrive à Paris. Les Reynes furent au-devant de luy jusques au bois de Boulogne. Le Roy se mit dans leur carrosse. Monseigneur avoit esté jusques à Versailles.

Le Doux, maître des Requestes, pris par le Chevallier du Guet et mené à la Bastille [3].

MARS

Mercredi 1er.

Jeudi 2. — Assemblée des Estatz de Languedoc à

---

[1] Voy. Fontenay-Mareuil, *Mémoires*, p. 198. — Richelieu, *Mémoires*, I, p. 514. — Bassompierre, t. III, p. 357.

[2] Henri d'Escoubleau de Sourdis, né en 1593, évêque de Maillerais, en 1623, archevêque de Bordeaux en 1628, en remplacement de son frère, mort le 18 juin 1645.

[3] Voy. dans Tallemant, t. II, p. 193, l'historiette de Claude Le Doux et de Lopez.

Thoulouze, où Mͬ le Prince faict une harangue que j'ay imprimée [1].

Idem. — Les Rochelois, ayans quelques jours auparavant esté repoussez brusquement en une sortie qu'ilz firent du costé du Fort Louis, 4 des principaux gentilz hommes, qui sont dans la ville, entre lesquelz estoit Contentière [2], parent proche de Mͬ de Schomberg et D'Estinguant, envoyent à Mͬ le Maréchal de Bassompierre par un trompette un défy pour se battre 4 contre 4. Mͬ de Bassompierre deschira le billet devant tout le monde et menassa le trompette de le faire chastier, s'il revenoit porter semblables messages. Le trompette, s'en retournant, passa par La Font, où il trouva en garde Mͬ de La Meilleraye, qui avoit une vieille querelle avec Contentière [3]. Il luy parla quelque temps, sans que personne l'entendist. Ledit Sͬ de La Meilleraye, estant rentré en garde dans ledit fort de La Font avec son régiment, envoya le soir un tambour à La Rochelle et se fit tenir le lendemain matin un cheval prest avec 2 pistolletz. Comme il jouoit, un homme, qu'il avoit mis en sentinelle, le vint advertir qu'il paroissoit un cavalier de La Rochelle. En mesme temps il monte à cheval et commande à son lieutenant de demeurer dans le fort et de ne permettre qu'aucun soldat sortist jus-

---

[1] Voy. *P. Griffet*, t. I, p. 586.
[2] Le Sieur de La Contencière, cadet de Bressay, gentilhomme du Poitou.
[3] Voy. *P. Griffet*, t. I, p. 584. — Richelieu, *Mémoires*, I, p. 522. — Bassompierre, *Mémoires*, III, p. 362.

ques à ce qu'il l'envoyast dire. Il va au galop trouver notre homme. Comme ilz furent à vingt pas l'un de l'autre, ilz se donnèrent parolle que personne ne les suivoit. Cela faict, ilz passèrent l'un sur l'autre, se tirèrent chacun un coup de pistollet et ne blessèrent que leurs chevaux. Contentière tire de fort prez son autre pistollet à La Meilleraye; mais il manque. La Meilleraye, qui avoit un pistollet qui n'avoit point tiré, tasche de luy gangner la croupe, pour ne le tirer qu'à bout portant. Cela dura assez longtemps, pour ce que Contensière avoit un fort bon cheval; celuy de La Meilleraye estant blessé à la teste et rencontrant une pierre tomba sy lourdement qu'il demeura tout-à-faict engagé dessoubs. Mais le cheval, qui estoit vigoureux, se releva en mesme temps, et, comme La Meilleraye se relevoit aussy, Contensière luy donna un assez grand coup d'espée sur la teste et luy cria qu'il falloit demander la vye. Il respondit qu'il n'estoit pas encor en estat de cela et voulut aller à son cheval. Contensière, ayant veu sortir en mesme temps quelques mousquetaires du fort de La Font, qui, ayans veu tumber leur mestre de camp, croyoient qu'il fust mort, il se retira à toutte bride dans La Rochelle, aprez avoir faict quelques reproches à M^r de La Meilleraye. M^r le Cardinal de Richelieu, estant en très grande cholère de ce combat, faict assembler chez luy tous les généraux d'armée, les maréchaux et les mestres de camp. Ilz opinent tous en faveur de M^r de La Meilleraye. Il le condamne néantmoins à estre suspendu de sa charge pour 3 mois et renvoyé en sa maison, qui luy serviroit de prison durant ce temps là, et, quelque prière que luy ayent faicte M̄ʳˢ les généraux, il n'a jamais voulu s'en relascher.

Vendredi 3. — Mʳ l'Évêque de Mande[1] meurt à l'armée et ordonne par testament qu'on l'enterrera dans La Rochelle. Il finit fort chrestiennement. Il avoit auparavant remis son évesché à l'abbé de Marsillac, qui l'avoit récompencé de quelques bénéfices.

Dimanche 5. — *Mʳ de Sᵗ Simon* faict le serment de la charge de *Premier Gentilhomme de la Chambre*, que le Roy luy donna vacante par la mort de Mʳ de Blainville mort (en la maison de Mʳ de Choisy à Icy) de pourpre, et, à ce que l'on croit, de déplaisir de sa disgrâce. Il s'estoit mis à l'armée en chemin de se raccommoder par le moyen de Mʳ de Guise, qu'il avoit tousiours acompagné dans l'armée navalle; mais le Roy avoit différé son restablissement, jusques à ce qu'il en eust parlé à la Reyne, sa mère. Ce qui estoit cause que, par respect, il n'avoit voulu venir auparavant à Paris et s'estoit tenu à Icy.

Mʳ le Prince, ayant apris que Beaufort faisoit citadelle dans Pamiers (il estoit lieutenant-général de

---

[1] Daniel de la Mothe du Plessis-Houdancout, évêque de Mende de 1625 à 1628, grand aumônier de Henriette de France, reine d'Angleterre. Moreri le fait mourir le 5 mars.

Mr de Rohan), il assemble ses troupes, composées de 10 compagnies du régiment de Normandie, du régiment de Falsbourg, de celuy de Ste Croix et de ceux d'Hannibal et de Birulle, avec 5 canons, 2 couleuvrines et un courtault tirez de Thoulouze, se rend à son camp le Dimanche 5°; le lundy 6, faict ses approches entre les portes Ste Hélène et de L'Estang; ne pend que 2 soldatz; la nuict, faict, des logemens à main droicte. Le mardy 7, les assiégez, pour incommoder ce logement, se logent sous une butte. Le marquis de Ragny, pour les empescher et les reserrer, prend quelques postes voisins, y perd le Marquis de Friesmarton d'une mousquetade par la teste. Rynaudin faisoit cependant travailler une partye de l'armée à couper une digue, qui faisoit entrer dans le fossé un bras de la rivière du. . . . .

La nuict du mercredy, 8, on dresse la batterye. Le Jeudy 9, on commence à battre à 9 heures du matin, et à 4 heures aprez midy, la breche fut raisonnable. On donne avec quelques compagnies de tous les Régimens, on gangne le dessus du portail de Ste Hélène, et on s'y loge, sans passer outre, à cause qu'il y avoit à droicte et à gauche 2 petitz bastions de terre et un grand retranchement faict autrefois par St Blancar.

La nuict, il arrive 300 hommes aux ennemis qui estoient désia 1200; mais voyans nos gens sy proches, ilz perdirent courage. Le jour venu du Vendredy 10, on bat les maisons proches des retranchemens. Un tambour des ennemis vient, en leur nom, demander la vye. On découvre en mesme temps quantité de personnes de la ville qui s'enfuyoient par le hault des montagnes. Les paysans en tuent, les soldatz en prennent plus de 300, dont ilz en tuèrent à coups de pierres. *Beaufort* couché dans un bois pris par Reynaudin, et Auvois, gouverneur de Mazères, pris aussy fuyant vers Saverdun (envoyez par M^r le Prince au Parlement de Thoulouze, où ilz ont eu la teste tranchée). — 8 séditieux penduz, et, entr'autres Prat, premier consul, qui avoit mis Mr de Rohan dans la ville; 20 autres penduz dans Vavilles, 120 envoyez aux galères. Les gens de guerre sortiz avec le baston blanc, excepté les capitaines avec l'espée; le temple des Huguenotz baillé à l'évesque et aux chanoines, en attendant que l'Église ayt esté rebastye.

Samedi 11. — Entreprise sur La Rochelle mancquée. Cusat, Charnassé, St Germain et La Louvière se rendirent dans 5 basteaux avec les pétards, pétardiers et autres choses nécessaires tout contre la grille du canal, laquelle il falloit pétarder, et se cachèrent dans les coudes dudit canal, sans avoir esté aperçuz des ennemis, n'attendans que le commandement pour exécuter. Maubuisson, avec sa compagnie de 50 carabins, debvoit donner aprez l'ouverture faicte, 300 hommes choisiz du régiment des gardes les soustenir.

M^r de St Fréjux[1] avec 5 pétards, les pétardiers,

---

[1] Richelieu, *Mémoires*, I, p. 521.

2 pontz de 18 pieds de long chacun, et autres machines et instrumens nécessaires, se rend aussy à la porte de Maubec, n'attendant que le commandement d'exécuter. Mr Arnauld, avec 50 carabins de sa compagnie, debvoit donner aprez l'ouverture faicte, 300 hommes des gardes les soustenir.

Mr de Marillac commandoit à ses deux attaques.

M^r le Maréchal de Schonberg le soustenait avec[1] . . .

M^r le Cardinal de Richelieu, à la teste de 2000 hommes, fut quatre heures à cheval à la portée de l'harquebuze de la porte de Congne, attendant que celle-là ou la porte de Maubec lui fût ouverte par ceux qui seroient entrez.

Les choses estans en cest estat, tout demeura, faulte de commandement et d'exécuter les ordres donnez par M^r le Cardinal jusques à ce que, le jour venant, il se fallut retirer ; ce qui se fit sans perte d'un seul homme ny de la moindre pièce de tout l'équipage, d'autant que les Rochelois n'ayant advis ny alarme quelconque n'aprirent des nouvelles de nostre desseing qu'aprez nostre retraicte ; et jamais il ne s'est veu une plus belle entreprise. Les ennemis, ayans tousiours tenu ce costé-là inaccessible, à cause des marais salans, y faisoient très-mauvaise garde.

On fit croire au commencement au Roy que c'estoit un bonheur que l'entreprise n'eust point esté exécutée,

---

[1] Inachevé dans le manuscrit.

pour ce qu'elle estoit découverte; mais depuis il en fut détrompé.

Dimanche 12. — Tout le soir et toute la nuict, on fut à cheval pour prendre le fort de Tadon [1], et, y estant allé jusques dans le fossé sur le rapport d'un soldat, on fut contrainct, ne trouvant point de passage, de se retirer, aprez y avoir perdu 8 ou 10 hommes et remporté 12 ou 15 blessez.

AVRIL

Samedi 1ᵉʳ.

Lundi 3. — Le Roy part de Paris [2] pour retourner à La Rochelle — séjourne à Sᵗᵉ Mesme et à Dourdan jusques au [3] . . . . . en attendant nouvelles de Mʳ de Lorraine, lequel ne venant point encore, Sa Majesté ne laissa de continuer son voyage; arriva à Surgères le 17.

Mʳ de Lorraine se résoult enfin à venir à Paris, aprez avoir obtenu le retour de *Madame de Chevreuse* à Jouarre et de là à sa maison de Dampierre, comme aussy la délivrance de Montagu; en suitte de quoy Madame de Chevreuse ayant seureté de la Reyne, mère du Roy, vint à Jouarre, où la Princesse de Conty

---

[1] Bassompierre, *Mémoires*, III, p. 363.
[2] Richelieu, *Mémoires*, I, p. 527.
[3] Inachevé dans le manuscrit.

fit trouver bon à Sa Majesté que Mꭈ des Essartz allast parler à elle; mais Madᵉ de Jouarre ne la voulant laisser entrer dans l'abbaye, encor qu'elle y ait une fille (qui est excellente et qui ne la voit point), Madᵉ de Chevreuse sortit et alla parler à elle dans le bourg, où arriva aussytost aprez le train de Mꭈ de Lorraine.

Vendredi 14. — Montagu sort de la Bastille [1]. Il en fût bien sorty plustost; mais Mꭈ de Lorraine luy ayant mandé qu'il avait obtenu sa liberté à peu et à plain, et la Reyne, mère du Roy, voulant qu'il s'obligeast par escript de demeurer 3 mois en Lorraine, avant que retourner en Angleterre, il ne l'avoit pas voulu faire; tellement qu'il fut resserré dans sa chambre, et ses valletz luy furent ostez. Depuis Mꭈ de Chevreuse et le Prince de Falxbourg luy estans encor venuz dire que Mꭈ de Lorraine avoit obtenu son entière liberté, et d'autre costé la Reyne luy faisant sçavoir qu'elle vouloit qu'il signast ce mesme pappier, il s'y résolut à la fin, et, aprez l'avoir faict, en tesmoigna un extresme regret; mais incontinent aprez, Sa Majesté luy renvoya son papier par Mꭈ Bouthillier et fit payer de ses coffres à Mꭈ de Bourbone VIᵐ écus (?) pour lesquelz il disoit avoir engagé les bagues de Montagu, lesquelles Sa Majesté luy fit touttes rendre. Montagu alla trouver Mꭈ de Lorraine à Jouarre.

---

[1] Richelieu, *Mémoires*, I, p. 524 et 526.

Environ 16 [1]. — Mʳ *de Lorraine* [2] arrive à Paris, loge à l'hostel de Chevreuse. La Reyne, mère du Roy, le faict traicter par ses officiers.

Lundi 24. — Mʳ de Lorrayne ayant rencontré Mʳ de Bourbonne [3] dans le cabinet de la Reyne, mère du Roy, luy envoya dire par le capitaine de ses gardes que, sans le respect du lieu où il estoit, il l'eust faict jetter par les fenestres [4]. Bourbonne à l'instant se va plaindre à la Reyne. — Mʳ de Lorraine sort. — La Reyne estant en très-grande cholère, Mʳ de Lorraine, accompagné de toutte la maison de Guise, vint le soir demander pardon à la Reyne, et, le lendemain, Bourbonne l'estant allé voir, il le receut bien.

Monseigneur tesmoignant des passions extresmes pour la Princesse Marie [5], fille de Mʳ de M . . . . . la suivant partout — luy ayant parlé avec très grande affection chez Madᵉ la douairière de Longueville et en sa présence ; La Reyne, mère du Roy, trouvant tout cela fort mauvais, veu les termes où on estoit pour le mariage de Florence, madᵉ la douairière de Longueville

---

[1] Richelieu dit qu'il y arriva le 13 (p. 527).
[2] Charles IV, né le 5 avril 1604, fils de François II qui, en 1625, se démit en sa faveur du trône ducal. — Mort le 18 septembre 1675.
[3] Le Journal d'Arnauld comble une lacune dans les *Mémoires de Richelieu*, t. I, p. 527.
[4] Charles, marquis de Bourbonne, sieur de Livron et de Torcenay.
[5] Née vers 1612, morte à Varsovie en 1667, fille de Mʳ de Nevers, duc de Mantoue, et de Mlle de Clèves. — Voy. Tallemant des Réaux, *Reine de Pologne*, t. III, p. 301 et 315. — Voy. P. *Griffet*, t. I, p. 665, pour la suite de cette affaire.

mène la Princesse Marie à Farmoustier, abbaye proche de Coulommiers. Monseigneur la fut accompagner jusques à Lagny — revint sy viste qu'il creva un cheval.

Ledit jour. — Le Roy, qui estoit arrivé à Surgères le 17, où les principaux de l'armée l'avoient visité et où il avoit passé les festes, arrive en son armée, où il fut receu avec une réjouissance non pareille, et continue à Mᵣ le cardinal le mesme commandement qu'il avoit eu en son absence, luy seul prenant les ordres de Sa Majesté et les donnant aux autres, dont tous les gens de guerre tesmoignèrent grand contentement, à cause qu'il les avoit fort bien traictez.

Mardi 25. — Le Roy envoye un hérault [1] conduict par un trompette pour sommer les Rochelois, qui les contraignirent de se retirer sans les vouloir entendre ; ce que le hérault fit avec menasses, disant que, puisque par ceste . . . . . ilz se rendoient sy indignes de la miséricorde du Roy, ilz ne s'y debvoient plus attendre.

Mercredi 26. — Mᵣ le Cardinal de Richelieu mène le Roy voir tous les travaux et les vaisseaux, dont Sa Majesté tesmoigna une extresme satisfaction, trouvant touttes choses en très-bon estat et son armée fortifiée

[1] Bassompierre, t. III, p. 369.

de plus du tiers. On dit qu'il ne s'est jamais rien veu plus beau que la mer toutte en feu des coups de canon et des mousquetades tirez de dessus les vaisseaux, de dessus touttes les barques, des batteries et de toutte l'armée, le canal de La Rochelle ressemblant lors à un théâtre, sur lequel le Roy paroissoit au milieu de tous ces tonnerres et de ceste grande multitude de gens de guerre [1].

Jeudi 27. — Madame de Vendosme va, par permission du Roy, voir M^r son mary au bois de Vincennes. Il avoit eu auparavant liberté de se promener, jouer à la paulme, etc.

Le raccommodement de M^r le Comte estant en bons termes, le Roy permet à Mr de Senetier de le venir trouver pour ce subject.

M^r le Prince jugeant important de prendre les places qui sont aux montagnes de Castres et de Gevaudan, affin d'empescher le retour de Mr de Rohan au hault Languedoc, part de Thoulouse avec 5 canons, vient à Alby le 15 avril, où il en trouve encore 2 autres, résoult d'attaquer *Realmont,* et, ayant faict reveue de 6000 h. de pied et 350 chevaux, faict ses aproches le 19, emporte un fort commencé à une portée de mousquet de la ville. Le Breul, capitaine au régiment de Normandie et Du Verger de Haurane, capitaine au

---

[1] Bassompierre, t. III, p. 270.

régiment du Prince de Falxbourg (très-vaillant homme et de très-grande expérience, frère de M^r de St Cyran) y furent tuez. Le 20, on ouvre les tranchées en 3 endroictz. Le jour de Pasques, 3 batteryes de 7 canons commencent à tirer et continuèrent 5 ou 6 jours, un peu lentement sur la fin, mancque des munitions qui venoient de Narbonne avec 3 canons de batterye et une couleuvrine.

Le vendredy 28, les tranchées estans menées au bord des fossez, 25 soldatz choisis du régiment de Falxbourg sautèrent dans le fossé et se logèrent au pied du bastion de la porte de l'Hospital. Les Marquis de Ragny et de Nangis eurent, durant ceste occasion, leurs chapeaux percez d'une grenade. Renaudin, avec 10 ou 12, se veulent loger sur la poincte du bastion — repoussez — Mr de Bourg receut mousquetade au bras qui ne percea. — Le jour précédent son cheval avoit esté blessé soulz luy. — Nouvelle batterye des canons de Narbonne et autre le 29. Les ennemis s'estonnent, envoyent demander composition par escript non signé. M^r le Prince respond de mesme. On préparoit l'assaut pour le lendemain. Ils envoyent papier signé de Maugis, gouverneur, par lequel ilz demandoient composition (le Dimanche); ce que M. le Prince leur accorda avec sauf conduit pour Douartel, consul, et 3 autres députez. Composition : razer murailles, fortiffications etc. — ne plus porter les armes contre le Roy — sortit 600 hommes. M^r le Prince les conduisit luy-mesme jusques à un quart de lieue de là. 6 compagnies de Normandie y estoient avec Mr de Manicamp, leur mestre de camp.

Le lendemain, 1er May, M^r le Prince y fit dire la messe, d'où elle estoit bannie il y avoit 60 ans, ceste place ayant esté la 1re de Languedoc, qui avoit receu l'hérésie de Calvin.

A la Procession, l'Évesque d'Alby portoit le St Sacrement, et M^r le Prince et Mrs de Ragny, de Nangis et de Charlas le poisle.

En ce siège il ne fut tué que 26 ou 30 des nostres et autant de blessez, en estant mort des ennemis 100 ou 120.

St Germ . . . . . , qui pensoit les secourir avec 4 ou 5 hommes, ne le peut à cause de la bonne garde de nostre cavallerye. Contre la foy donnée, la plus part des soldatz sortis de Réalmont se retira dans Castres, qui se révolta lors.

M^r le Marquis de Ragny estant allé en suitte avec l'avant-garde à Castel franc, il se remit en l'obéissance, et le 5e May, il saisit aussy les fortz de Roquecesure et La Mohine, où nombre des ennemis furent tuez.

MAI

Lundi 1er.

Dimanche 7. — M^r le Prince faisant semblent d'aller attaquer Vienne, place forte aux montagnes de Castres tourne vers *La Caune*, qui prenant l'effroy se rend. Le marquis de Malause y servit bien. — Mʳ d'Ambre y est mis gouverneur.

Linas manquant à la parolle qu'il avoit donnée par Panat à Mʳ le Prince de luy remettre la ville Sᵗ S... dont il estoit gouverneur et seigneur, Mʳ le Prince l'assiège le 10ᵉ, le bat le 12. — On va à l'assault; on se loge sur le hault de la brèche. — Les assiéjez mettans le feu aux maisons voisines avec huille, graisse etc., contraignent les nôtres de se loger dans le fossé; se voyans réduictz à l'extrémité mettent le feu dans la ville, où plusieurs furent bruslez, et les autres se sauvèrent la nuict au travers des montagnes. Ainsy la ville fut prise le 13ᵉ... Grivet et Gages, lieutenans au Régiment de Falxbourg, y furent blessez, et 25 ou 30 soldatz aussy des nôtres y furent tuez ou blessez.

Le Dimanche, 13 May, Mʳ le Prince investit *Castelnau*, place proche de Castres. 200 des ennemis, sortis dehors, sont poussez dans la ville, et une petite fustaye joignant le fossé gangnée. Mʳ le Prince ayant pris son logis dans un château proche, le plancher de sa chambre fond; 60 personnes tumbent de fort hault. — Nulle tuée — peu de blessez et légèrement. La chaire, où Mʳ le prince estoit assis, tumbe; il se sauve prez la cheminée. Le canon, avec toutes les peynes du monde, à cause de la difficulté des montagnes par où on ne se souvient point d'en avoir veu mener, arrive au camp le 19. Chavagnac, gentilhomme d'Auvergne (qui depuis peu s'estoit jetté avec M' de Rohan et qui commandoit en ce quartier là) ne jugeant pas Castelnau deffensable, s'estoit jetté dans Brassac, et, pour retirer 200 bons soldatz qu'il avoit dans Castelnau presque tous tirez de Ruel, paroist sur la montagne avec M hommes de pied et 60 chevaux. Les nôtres les chargent; ilz laschent le pied, se retirent dans Brassac, que Chavagnac, estonné de la résolution des nôtres habandonne, bien qu'avec les hommes qu'il avoit il fust fort deffensable; et ainsy les clefs en furent apportées à M' le Prince par un de ses gardes, qui y estoit prisonnier. Ceux de Castelnau estonnez demandent composition pour la vye; ce qui leur est refusé; font sortye, sont repoussez par corps de garde du Régiment de Falxbourg et 20 faicts prisonniers.

Le lendemain, sur les 4 heures du matin, 122 coups de canon font bresche raisonnable. On l'emporte d'assault. Tout est tué ou bruslé dans les maisons, excepté 35, dont 29 furent pendus.

Le marquis d'Anonay reprend Chaumerac de force, que les rebelles avoient pris sur Mad° de Ventadour, sa mère, et, ayant esté sauvé 120 hommes de la tuerye, il les fit tous pendre, et, parmy se trouva deux gentilzhommes, frères, nommez Badelle, qui avoient esté les plus séditieux de tous.

Jeudi 11. — Les Anglois arrivent à chef de Baye

par le pertuis d'Antioche, avec 63 voiles, dont[1]. . . . . ramberges de[1]. . . . . thonneaux[1]. . . . . vaisseaux de guerre de[1]. . . . . thonneaux — 35 barques, chargées de vivre, les plus grandes de[1]. . . . . thonneaux. Nos vaisseaux de guerre, qui estoient vers ce poste-là, se retirèrent doucement à l'entrée du canal[2].

Sy les Anglois eussent faict effort en arrivant, ilz nous eussent surpris; car on ne les attendoit plus. Ils envoyèrent quelques vaisseaux à l'embouchure des rivières. Le Chevalier Guitault en prit un, chargé de vivres et principallement de beurre, qu'il mena à Nantes.

Sur le bruit de l'arrivée des Anglois, il courut de tous costez à l'armée tant de gentilzhommes volontaires qu'il s'y en trouva plus de 800, et l'ordre, pour attendre l'effort des Angloix, estoit excellent.

Dimanche 14. — Mr de Lorraine, ayant pris congé de la Reyne, mère du Roy, va à Jouarre, et le lendemain, revient à Paris prendre congé de Monseigneur, auquel il n'avoit dit adieu, à cause qu'il estoit à Chantilly; Le mardy, s'en reva en Lorraine.

Lundi 15. — Vidault, bourgeois de la Rochelle (sorty il y avoit 6 mois pour aller en Angleterre), estant luy

---

[1] En blanc dans le manuscrit.
[2] Voy. P. *Griffet*, t. I, p. 586. — Voy. Richelieu, t. I, p. 532. — Bassompierre, t. III, p. 372.

quatriesme dans un petit esquif aporté de la Tamise, qu'ils nomment Coquille, et qui ne tire qu'un pied d'eau, passe à travers toutes nos digues en donnant l'alarme, disant que les Anglois venoient, et faisant fort l'empesché ; puis estant passé, il se mit à se mocquer des nôtres qui n'avoient pas faict bonne garde [1].

Mardi 16. — Laleu sort de La Rochelle, soubz prétexte de parler au S' Talement, son beau-frère — est enfermé quelques heures avec M' le Cardinal.

Un vaisseau Angloix part de leur poste et s'eschoue vers Lal, où il brusla. On croit que c'estoit un de leurs brusleaux.

Jeudi 18. — Après disner, les Angloix tiennent conseil, auquel il y avoit 4 Rochelois dont Avoit et Perlé furent d'advis de tenter le passage à quelque prix que ce fust, et Bragnault et Furan d'opinion contraire. Le nepveu de Bouquingham, admiral en ceste armée, fut de ce dernier adviz, disant que le passage estoit impossible et par leur perte ilz advanceroient celle de La Rochelle ; qu'il avoit ordre du Roy, son maître, de ne rien entreprendre sur les vaisseaux du Roy et de ne demeurer que 3 jours à la rade du Chef de Baye ; qu'il y en avoit esté 8. Ainsy ayans appareillé sur les 7 heures du soir, ilz firent voile. On a sceu cela par 30

---

[1] Bassompierre, t. III, p. 374.

ou 40 mathelotz, qu'ilz avoient pris à l'embouchure de Charente, et qu'en s'en allant ilz ont laissez à la poincte de Chef de Baye[1].

JUIN

Pourparlers de La Vigerie, gentilhomme estant dans La Rochelle avec Gransay, lieutenant de la compagnie de chevaux-légers du filz de M. de La Rochefoucault ; lesquelz n'ont effect. Il demandoit au commencement 15 jours pour envoyer en Angleterre et à Mr de Rohan, et ce pendant des vivres pour ledit temps.

Mardi 16. — Le Roy alla la nuict coucher à la digue, sur un bruit que les Angloix revenoient ; mais ce bruict estant cessé, il s'en alla, le Jeudy matin se promener à Thonné Charente, et le lendemain 17 en Brouage, où M^r le Cardinal de Richelieu le traicta magnifiquement.

On pend un canonnier du Roy, qui entroit la nuict dans La Rochelle et les adjustoit ; ce qui est cause qu'ilz tuent beaucoup plus de gens sur la digue et dans le fort de Coreille qu'ilz ne faisoient auparavant.

Mercredi 17. — Il y eut une petite escarmouche.

Jeudi 18. — M^r le maréchal de Schomberg ayant

[1] Bassompierre, t. III, p. 376.

envoyé quelques soldatz du Régiment de Pompadour, sont tenuz par des carabins de la compagnie de Mʳ Arnauld, recognoistre, quelque chose auprez du fort de Tadon, ces soldatz furent repoussez, les Carabins ne les ayans peu soustenir à cause que leurs chevaux ne pouvaient passer.

Un gentilhomme de Mʳ de Schomberg, nommé Lange, y fut tué.

JUILLET

Dimanche 1ᵉʳ.

Mardi 18. — Mʳ de la Trimouille [1], aprez avoir conféré 4 jours avec Mʳ le cardinal de Richelieu sur tous les poincts de controverse, en présence de Mʳˢ l'archevesque d'Aix, l'archevesque de Bourdeaux, Mʳ d'Effiat, Mʳ de la Curée, Mʳ de Souvray et Mʳ de Sᵗ Chaumont, il faict profession de foy, etc., abjuration de l'hérésie entre les mains de Monseigʳ le Cardinal. Le 24, il prend possession de la charge de mestre de camp de la cavalerye légère, qu'avoit Mʳ de La Curée auquel il donne[2] . .
. . . et le Roy . . . . .[3]

Mʳ le Marquis de Ragny, maréchal de camp en l'armée de Mʳ le Prince meurt à[4] . . . . en Languedoc,

---

[1] Henri, né en 1599, prince de Talmond, mort le 21 janvier 1674.
[2] En blanc dans le manuscrit.
[3] Inachevé dans le manuscrit.
[4] En blanc dans le manuscrit.

qui fut une grande perte. Il avoit très bien servy et estoit fort libéral et aymé des gens de guerre. Le Roy conserva toutes ses charges à son filz, bien que fort jeune.

AOUST

Mardi 1ᵉʳ. — Mʳ De La Grange Le Roy meurt de maladie en l'armée du Roy, qui fut une grande perte. Le Roy donna toutes ses charges à son filz.

Environ 15. — Mʳ l'archevesque d'Aix, frère de Mʳ le Cardinal de Richelieu [1], faict archevesque de Lyon au lieu de Mʳ Myron, mort d'apoplexie à Lyon un peu auparavant.

Pompée Targon [2], ingénieur Italien (qui avoit engagé le Roy à tant de despenses inutiles pour fermer le port de La Rochelle par stacade et avec machines) mis prisonnier à Xaintes, pour avoir envoyé son filz en Espagne, sans congé de Sa Majesté. Ledit filz avoit esté arresté à Bayonne.

Mecredi 16. — Le Roy envoye sommer La Rochelle par un hérault, nommé Le Breton [3], qui ne fit guères

---

[1] Alphonse-Louis du Plessis, frère aîné du grand cardinal, né à Paris en 1582, mort à Lyon en 1653.
[2] Voy. Richelieu, t. I, p. 514.
[3] Voy. *P. Griffet*, t. I, p. 595. — Richelieu, t. I, p. 548. — Bassompierre, t. III, p. 392. — *Mercure français*, 1628, p. 652.

bien son devoir, estant allé fort peu avant et s'estant contenté de parler à un homme, qui luy dit qu'il ne pouvait parler au maire.

Vendredi 18. — Courrier de Mr de Craquin vient donner adviz au Roy que 70 vaisseaux Angloix s'estoient eschouez par une tempeste en la coste de Plemen.

SEPTEMBRE

Vendredi 1er. — Le duc de Bouquingham tué[1].

Samedi 2. — Mr Arnauld[2] va voir Mr de Feuquières dans La Rochelle, demeure 4 ou 5 heures avec luy. Le lendemain, il y retourne avec charge, y demeure 6 ou 7 heures, et 4 députez du corps de ville luy parlent en présence de Mr de Feuquières.

Vendredi 8. — Il y retourne jusques à 7 fois, et le 8e amena, sur sa parolle, Journault et Riffault[3], députez, à Mr le Cardinal, avec lequel ilz furent 3 ou 4 heures, et il leur parla excellemment. Ilz entrèrent fort avant dans le traicté, et promirent de revenir le dimanche 10 disner avec luy. Le dimanche[4] . . . . .

---

[1] *Mercure français*, 1628, p. 646. — Voy. P. *Griffet*, t. I, p. 599. — Fontenay-Mareuil, p. 208. — Rohan, p. 587. — Richelieu, p. 549.
[2] V. P. *Griffet*, t. I, p. 602. — Bassompierre, t. III, p. 395. — C'est Arnauld de Corbeville.
[3] Bassompierre, *Mémoires*, III, p. 396.
[4] En blanc dans le manuscrit.

députez sortent avec charge expresse de conclure. Conditions : La Rochelle demeure comme auparavant la guerre, excepté fortifications. — Ne se parle de villes de Languedoc. — Espérance de bouche pour traicté secret.

Ilz rencontrent 2 hommes, qui les asseurent que les Angloix estoient en mer. Ilz retournent, tirent fort durant 3 ou 4 jours, puis ne tirent plus et se tesmoignent fort tristes d'avoir manqué de parolle à M' le Cardinal et d'avoir sceu la mort du duc de Bouquingham.

Samedi 9. — M' le Prince et M' de Montmorency joinctz contraignent M' de Rohan de lever le siège de Crassel[1] et se retirer à Millau, qui n'est qu'à une portée de canon. Il avoit donné un assault rafraischy par 5 fois et courageusement repoussé par les assiégez, dont La Croix estoit gouverneur; 4 frères, Le Baron d'Arre, Du Faux et le Chevalier de S' Jan, blessé d'un coup de canon au gras de la jambe.

Résolu que, tandis que M' de Rohan seroit dans Millau, M' le Prince demeureroit à une lieu de là à S'ᵗᵉ Bazile, sur le chemin de Montauban, et M' de Montmorency à pareille distance, au lieu nommé La Cavalerye, sur le chemin des Sevennes; que tous les jours ilz envoyeroient à la guerre sur l'entre d'eux des

---

[1] Voir *P. Griffet*, t. I, p. 633.

deux quartiers, pour se communiquer les advis qu'ilz auroient et se joindre du costé que Mʳ de Rohan tourneroit teste.

Ceux de Millau, en suitte de ce que dessus, craignans d'estre assiégez, mettent le feu en leurs faulxbourgs et ruynent leurs maisons aux environs. Vid. Relation de ce que dessus, laquelle est fort bien faicte.

11 à 12. — Les Rochelois envoyent un bruleau qui se brusla sans effect.

Environ 14. — Mʳ de Sᵗ Chaumont, maréchal de camp, allant recognoistre le fort de Tadon, reçoit mousquetade, dont il guérit 3 semaines ou un mois aprez[1].

16 ou 17. — Mʳ d'Osquerre, secrétaire d'estat, meurt de maladie, à l'armée de La Rochelle. Mʳˢ de Beauvais et Président de Novion, ses frères, allèrent jusques à Nyort, voulans aller à l'armée, puis[2]...

Le 5 octobre, le Roy résolut de donner la charge à Mʳ Bouthillier, secrétaire des Commandements de la Reyne, sa mère (laquelle en receut les provisions le 10 Octobre par un courier de Sa Majesté), moyennant 11ᶜ Lᵐ livres de récompence aux héritiers.

Jeudy 28. — Les Angloix paroissent à la rade de Ré

---

[1] Bassompierre met cet événement au 23; le *Mercure français*, au 22, p. 674, année 1628.
[2] Inachevé dans le manuscrit.

(ayans auparavant paru entre la poincte de l'Esguillon et Esnaude[1]).

Le Medlord Montjoye est vice admiral[2].

Jour St Michel, 29. — A 2 heures du matin, ilz mouillent l'ancre à la dite rade de Ré[3]. On tient qu'il y a 40 vaisseaux de vivres, 20 ou 30 bruslons, et 50 ou 60 vaisseaux de guerre, entre lesquels 7 à 8 ramberges; qui est en tout 120 vaisseaux. La flotte est commandée, et le medlord de Wigbe (aucun dist homme de conseil plus tôt que de main).

Aussy tost que le Roy le sceut, il vint à Laleu, quartier de Mr de Bassompierre et y a demeuré[4].

M^r le Cardinal, M^r le Garde des Sceaux et M^r d'Effiat vont aussy loger à Laleu avec le Roy.

Samedi 30. — Sa Majesté alla voir les Angloix à la rade, où ilz demeurèrent jusques au 30, qu'à 4 heures du soir, la marée montant, ilz vinrent se mettre en haye vis-à-vis l'embouchure du canal, hors la portée du canon des batteryes du Roy, qui leur fit tirer du canon, lorsqu'ilz passoient devant Chef de Baye.

Les Rochelois faisoient les insolens, mettans de tous

---

[1] Bassompierre, t. III, p. 398.
[2] Rohan, *Mémoires*, p. 588.
[3] Rohan, *Mémoires*, p. 588. — Richelieu, t. I, p. 550. — Bassompierre, t. III, p. 399.
[4] Bassompierre, t. III, p. 399.

costez leurs drapeaux sur leurs tours, d'où ilz tiroient force canonnades.

Le soir, les Angloix mirent voisles bas, et sur les 10 heures, les Rochelois ayans osté tous les embarras, qui bouschoient leur havre, mirent un flambeau sur le hault de la Tour de La Chaisne, pour convier les Angloix à entrer, et tirèrent 5 coups de canon, que ceux du Roy prirent pour le signal du combat et se préparèrent à les recevoir.

OCTOBRE

Dimanche 1er. — Mr le Cardinal va voir la digue[1] et les vaisseaux et donner l'ordre du combat.

A 5 heures du matin, les Angloix avoient la haulte marée et le vent favorable; néantmoins ilz ne branslèrent point.

Sur le midy, la haulte marée commençeant à monter, ils montèrent aussy leur voisles, qu'ilz mirent bas, sans rien faire, une demie heure aprez, encores qu'ilz eussent les mesmes advantages qu'au matin; ilz demeurèrent ainsy paisibles jusques au mardy 3e Octobre.

Lundi 2. — Un courrier du Roy apporte nouvelle aux Reynes de l'arrivée des Angloix; elles vont aussy tost à Notre-Dame. — Monsieur part à minuict en

---

[1] Richelieu, t. I, p. 550, donne la description de la digue. — Bassompierre, t. III, p. 401.

poste, arrive le 5 à l'armée[1]. — Et le mardy 3, on commence prières publicques, qui ont tousiours duré, et le St Sacrement tousiours demeuré exposé, jusques à la nouvelle de la prise de La Rochelle.

M[r] le duc de Chevreuse, M[r] le Maréchal de St Géran, M[r] le Maréchal d' . . . . . M[r] le duc d'Usez, M. le Comte de Rochefort[2] . . . . . et plus de[2] . . . . . mil gentilzhommes volontaires se rendent en toutte diligence à l'armée, sur la nouvelle de l'arrivée des Angloix et logent tous à la fois dans Laleu seulement (où estoit le Roy) 1111 [m]. chevaux.

Mardi 3. — A 5 heures du matin[3], la marée estant haulte, ilz (les Anglois) mirent leurs voiles hault et vinrent attaquer d'assez loing (comme de 300 pas) l'armée navale du Roy à coups de canons, n'ozans aprocher trop prez, de crainte des batteryes des poinctes de Corelle et Chef de Baye. Quantité des chaloupes du Roy s'advancèrent fort prez. Le combat dura deux heures. Il fut tiré 4000 coups de canon de part et d'autre. Un des vaisseaux foudroyans ses ennemis (que l'on dit en avoir trois), qui sont plains de meules de moulins et ont 50 caques de poudres pour faire tout aller en pièce, s'estant aproché plus prez, l'admiral du Roy le percea de trois coups de canon, qui mirent le feu à l'artifice et

[1] *Mercure français*, 1628, p. 682.
[2] Ici, deux lignes en blanc dans le manuscrit.
[3] Richelieu, *Mémoires*, I, p. 551. — Bassompierre, t. III, p. 401.

le firent jouer soubz l'eau sans aucun effect. On prit deux barquettes des Angloix.

Les Rochelois ne firent autre chose que sortir 3 chaloupes (dont l'une fut enfoncée et les hommes perduz) et tirer quantité de coups de canon, dont un passa tout contre M^{rs} d'Angoulesme, d'Alaiz, Schomberg et Vignolles, et tua les Srs Des Friches, Berleze, ... Bourneuf et Du Lac, ingénieur de l'artillerye.

Il n'y eut en tout le combat que 6 soldatz du Roy tuez. On tient qu'une ramberge, blessée de coups de canon, s'en retourna en Angleterre pour se faire radouber.

Le Roy vit tout le combat de [1] . . . . .

Le Roy envoya visiter le commandeur de Valencé par [2] . . . . .

Durant le combat, la plus grande partye de l'armée du Roy estoit en bataille dans la plaine d'Angoulin qui est le lieu le plus propre à faire une descente; tellement qu'il y avoit en mesme temps 3 armées, dont celle-ci regardoit battre les deux autres. Et n'y a rien plus superbe que de considérer, de dessus la digue, La Rochelle d'un costé et les deux armées navales de l'autre.

Le Roy tesmoigna n'estre pas content ce jour-là de la batterye de Corelle, laquelle fit mieux le lendemain.

Mr de Feuquière escrivit à Mr de Corlbeville (pour le

---

[1] Inachevé dans le manuscrit.
[2] *Idem.*

dire au Roy), à la prière des Rochelois, qu'ilz estoient tous prestz de traicter, nonobstant l'armée des Angloix, s'il plaisoit au Roy de les y recevoir. Sa Majesté ne voulut point faire faire de réponse, disant qn'il falloit que les Angloix s'en retournassent auparavant que parler de cela.

Mecredi 4. — A 5 heures du matin[1], la marée est tant haulte et le vent bon, les Angloix mettent leurs voiles hault et viennent de plus prez que le jour précédent faire une autre escarmouche, laquelle dura 3 heures; qui est une heure davantage que la précédente. Les vaisseaux du Roy tesmoignèrent les mespriser encores plus que le jour de devant, ne montans pas seullement une voile et ne laissans de les canonner furieusement, comme aussy les batteryes de terre, et particulièrement celle de Chef de Baye, qui voyoit le Roy présent. Sa Majesté ne perdit pas un homme à toute ceste escarmouche. Les Angloix envoyèrent 7 ou 8 bruslons, mais assez laschement; car ilz y mirent le feu de fort loing, au lieu de les conduire bien avant, et les barques et chaloupes du Roy s'advancèrent entre leur flotte et leurs dits bruslons, les acrochoit avec crocs, au bout desquelz sont longues chaisnes de fer et les menoit, comme en laisse, eschouer et brusler le long de la coste, dont le Roy et toutte l'armée eut le plaisir.

[1] Bassompierre, t. III, p. 404.

Mʳ le cardinal fit libérallité à ceux qui conduisoient lesdites chalouppes, et on dit que le Roy envoya 2000 pistoles aux soldatz qui estoient dessus et sur les vaisseaux.

Les Rochelois, durant ceste escarmouche, ne faisoient que regarder du hault de leurs tours.

Le soir le vent fit prendre le largue à la flotte Angloise entre Angoulin et Oleron, et la nuict ilz se raprochèrent.

Jeudi 5. — Monsieur arrive à l'armée, loge à Laleu et mange avec le Roy, ses officiers n'estans encor arrivez.

On ne tira ce jour-là un seul coup de canon, ny le lendemain non plus, le temps ayant esté fort vilain.

Les Angloix envoyent 2 hommes au vaisseau admiral du Roy demander à parler à Treillebois qui a charge dans l'armée navale de Sa Majesté et a esté lieutenant du capitaine Bragnant, qui est dans la flotte Angloise, disans que, s'il se trouvoit entre les 2 armées, son voyage ne seroit pas possible inutile. — Le 7ᵉ Treillebois alla, par permission du Roy, avec Mʳ de L'Isle, cornette du commandeur de Valence, pour parler aux Rochelois, qui sont avec les Angloix. Il trouva en teste les Angloix, qui luy dirent que les Rochelois ne faisoient point corps parmy eux, et, sur ce qu'il leur dit n'avoir rien à leur dire, mais eux à luy, il s'en revint. — Estant à 10 pas, ilz coururent aprez luy luy représenter qu'il falloit faire la paix entre les 2 couronnes et s'unir contre la maison d'Austriche; que les 2 roys estoient trop alliez, etc.

Vendredi 6. — Un espion, sorty de la Rochelle, neveu du maire, et ayant vaillant c^m livres est pendu. On dit qu'il avoit caché une lettre dans le fond dit que 3 de ses frères estoient mortz de faim.

Le 5, 6, 7, 8, pluyes continuelles avec vent bon pour entrer dans La Rochelle, mais trop violent pour les Angloix contrainctz de s'esloigner de l'embouscheure du canal, de crainte d'y estre poussez avec violence; auquel cas ilz estoient perduz. Il leur falloit un demy vent tousiours esgal, comme ilz l'avoient eu le 3 et le 4.

Les Rochelois mettent un drapeau bleu à la Tour de la Lanterne, pour servir de signal aux Angloix.

Dimanche 8. — Avant jour, les Rochelois font un grand feu sur la Tour de la Lanterne et tirèrent 8 coups de canon de suitte, qui estoit le signal aux Angloix.

On prit une chaloupe et 10 Angloix dedans qui alloient en Al. . . . . et Oleron ramasser quelques soldatz huguenotz, dont ilz avoient grand besoin — asseurèrent n'avoir pas 3000 hommes sur leur flotte et fort peu de mathelotz; qu'ilz estoient venuz précipitemment sur la créance de n'avoir qu'à entrer dans la place et non à combattre une armée et puis forcer une digue, qui leur paroissoit aussy forte que les murailles de La Rochelle. Ilz furent renvoyez civilement et seurement.

Mardi 10. — A 3 heures du matin, les Rochelois sonnent cloches et tirent force mousquetades, à cause d'une alarme qu'on leur avoit donnée à desseing.

Mecredi 11. — La grosse marée de ceste plene lune commence et dure jusques au Samedy 14. Mais le vent se met au nord (par conséquent contraire aux Angloix) et continue les 12, 13, 14, 15, 16. Il arrive encor à l'armée nombre incroyable de noblesse, dont quantité s'embarque sur les vaisseaux, nonobstant les deffences du Roy. Les Angloix n'entreprenent rien. S'ilz eussent faict effort, les nôtres avoient charge de les acrocher et les faire eschouer.

Montalan, lieutenant, a la charge de capitaine des mousquetons de Montalet, disgrâcié quelque temps auparavant, et La Treille, cornette, a la lieutenance.

Un vaisseau du Roy, qui s'estoit esloigné auparavant la venue des Angloix, passe et se rend, à leur vue, dans l'armée de Sa Majesté, encor qu'ilz le poursuivissent.

La nuict, 9 vaisseaux Rochelois entrent dans la Charente, mettent 50 ou 60 hommes à terre à la Roche, proche l'emboucheure de la Charente, pour brusler le magasin de foin et d'avoyne — mettent le feu à une maison. Paysans l'esteignent et les chassent.

On commande 300 hommes du régiment de Piedmont, une compagnie de chevaux-légers et celle de carabins de M\. Arnauld. Ilz arrivent le 12, à 10 heures du soir, sans se descouvrir, espérans que les ennemis mettroient encor pied à terre; ce qu'ilz ne firent, et, les ayans descouvers, le 13 au matin, ilz tirèrent force canonades et se mirent à la voile. On les envoya devancer par une pièce arrivée la nuict, qui les canonna en passant.

M\. de Montmorency prend le Grand Gallargues [1] et ceux qui estoient dedans à discrétion, dont j'ay une relation fort particulière et fort bien faicte, escripte à la main.

Ilz s'estoient obligez, pour sauver leur vye, de faire rendre dans 10 jours Aymargues pris peu auparavant par M\. de Rohan sur le filz de M\. d'Usez; ce que n'ayans pas faict, le Roy manda à M\. le Prince de faire pendre tous les officiers et envoyer tous les soldatz aux gallères en nombre de 800. — M\. de Rohan, sur cela, résoult, dans une assemblée à Anduse, de pendre tous les catholiques qui tumberoient entre ses mains, soit en guerre ou autrement. — M\. le Prince faict commandement aux Huguenotz de Montpellier et autres places de ne point sortir de leurs maisons et d'escrire à M\. de Rohan que leurs vyes respondroient du traictement

---

[1] Rohan, *Mémoires*, p. 584.

qu'il feroit aux catholiques; qu'il estoit criminel en 3 façons, etc. Mʳ le Prince despesche Sainton au Roy, qui luy mande d'exécuter son commandement et que la teste de Madame et Mademoiselle de Rohan respondroient du traictement que Mʳ de Rohan feroit aux catholiques. En suitte 66 des principaux du Grand Galargues penduz à Montpellier.

On dit que Mʳ de Rohan fit pendre autant de catholiques, à [1] . . . . . .

Vendredi 13. — La marée est très grande et le vent très médiocre; tellement que les Angloix avoient tout favorable; mais ilz ne bougèrent. On tient qu'ilz avoient envoyé représenter à leur maistre l'impossibilité du passage et attendoient son ordre.

Le Medlord Montégu va au vaisseau admiral du Roy.

Les Angloix jettent un Rochelois dans la mer pieds et poings liez.

Un marchand de La Rochelle, pris entre les lignes, dit qu'il y avoit 2 mois qu'il n'avoit mangé pain; qu'ilz vivoient de vieux cuirs, comme bottes, etc; tous les neufs estoient mangez. Ilz estoient avec le poil, et un seul marchand en avoit douze mille; ilz les mettoient à la tanerye pour oster le poil, puis les faisoient bouillir, les fricassoient avec du suif et faisoient gelée de ce qui

---

[1] Inachevé dans le manuscrit.

en dégoutoit [1]. On luy fit voir la digue, puis on le renvoya. A tous ceux qui estoient pris ainsy entre les lignes, on leur faisoit faire un bon repas, puis on les renvoyoit; mais quant à ceux qui s'efforceroient de passer les lignes, on résolut de les faire pendre, principallement durant que les Angloix seroient là!

Les Rochelois estoient sy foibles, à cause de la famine [2], qu'ilz n'avoient aux portes que de petites arquebuses, au lieu de mousquetz, et portoient des bastons pour se soustenir, et les soldatz avoient les dents toutes vertes à force de manger de l'herbe.

Mr de Feuquière escript ce jour-là qu'il falloit que ses lettres fussent plus courtes que de coustume; ce qui faisoit entendre l'extresme nécessité des assiégez.

Monseigneur fut seigné et eut en suitte quelques petitz accez de fiebvre peu violens et fut guéry le 17, (Le 29, il partit pour venir à Paris, où il arriva le 7 ou 8 novembre); il logea à Etré, au quartier du Roy, qui alla à Surgères.

Samedi 14. — Le medlord Montagu retourne au vaisseau admiral, et, aprez avoir veu le Roy, va voir M^r le Cardinal [3].

---

[1] Voir *P. Griffet*, t. I, p. 593.
[2] *Mercure français*, 1628, p. 665.
[3] Voir Fontenay-Mareuil, p. 211. — Richelieu, *Mémoires*, I, p. 551. — Bassompierre, t. III, p. 408.

Mʳ de La Trimouille[1] estant à l'extrémité a crise et guérit en suitte.

Dimanche 15. — On tient grand conseil sur la proposition du Medlord Montagu, qui part ce jour ou le lendemain, pour aller par terre porter les articles en Angleterre.

Il fut festiné dans l'armée du Roy[2], et Mʳ le Cardinal luy ayant faict voir la digue, il se mordit le poulce et dit qu'ilz avoient esté bien abusez.

Les Angloix firent tout ce qu'ilz peurent pour empescher les Rochelois de croire que Montagu soit allé en Angleterre, affin qu'ilz ne traictent durant son absence, et les asseurent qu'ilz ont commandement exprez de les secourir ou de mourir. Ilz taschent aussy de persuader la mesme chose aux François qui sont avec eux, et cet artifice leur a servy pendant quelque temps.

Les nôtres envoyent la nuict 4 bruslons dans l'armée Angloise qui ne firent rien. Le 16, au matin, ilz en renvoyèrent autant aux nôtres et combattirent, comme les autres fois, sans tuer personne.

Mecredi 18. — Les Rochelois l'ayans désiré, Mʳ Arnauld retourne à La Rochelle.

---

[1] Henri de la Trémouille, né en 1599, fils de Claude de la Trémouille et de Charlotte de Nassau, chevalier des ordres, abjura le calvinisme au siège de la Rochelle. Mort en 1674.
[2] Bassompierre, t. III, p. 408.

Mʳ de Bellegarde porte commandement à Mʳ Des Ouches de se retirer d'auprez de Monseigneur.

Jeudi 19. — Mʳ Arnauld retourne à La Rochelle.

Quelques petitz vaisseaux Angloix s'estans aprochez de la Charente et du port de La Roche, qui est au-dessous de Thonné, Mʳ le duc d'Angoulesme y va avec 500 hommes de pied des régiments de Piedmond et de Rambures, 50 chevaulx légers de Mʳ de Lorières, la réserve des carabins de Mʳ Arnauld et 3 canons; aussy tost qu'il s'aprocha d'eux, ilz se retirèrent.

Vendredi 20. — Madame de Rohan, la douairière¹, escript de dedans La Rochelle à Mʳ de Montbazon qu'ayant apris les extresmes soings que luy et Madᵉ de Chevreuse prenoient de trouver quelque lieu d'acommodement, elle jugeoit qu'il estoit nécessaire, pour cela, qu'on luy permist de voir son filz De Soubize, et que, pourveu que l'advantage de ses enfans et de La Rochelle n'y fussent point oubliez, elle s'y porteroit volontiers, et que, pour quelque considération importante, il pourra retenir son page, porteur de sa lettre. Mʳ de Montbazon envoye ceste lettre à Mʳ le Cardinal et luy escript : « Monsieur, vous verrez ce que m'escript cette vieille sorcière de Merlusine. Sy vous ne

---

¹ Catherine, fille de Jean Larchevêque de Parthenay, seigneur de Soubise, femme de René II, vicomte de Rohan. Emprisonnée à Niort avec sa fille Anne. Née en 1554, morte en 1631.

« luy donnez contentement vous ne gagnerez rien ; car
« aussy bien elle vous forcera de le faire par le moyen
« de ses sortilèges. » M^r le Cardinal, feignant croire
que la lettre de Madame de Rohan fust encor fermée,
dit au page, qu'on n'y pouvoit faire response, à cause
que le Roy estoit à Surgères, et qu'il la lui falloit
envoyer, et luy fit lire ce que Mr de Montbazon luy
escrivoit de sa maistresse ; puis ayant sceu de lui que
l'importante occasion, pour laquelle elle désiroit qu'il
demeurast auprez de Mr de Montbazon et à cause qu'il
mouroit de faim. Il le renvoya à l'heure mesme ; mais il
fallut le traisner jusques aux lignes ; car il ne vouloit
pas marcher.

Samedi 21. — A 9 heures du soir, le vent estant
Nord-Est, et les nôtres voulans faire une galenterye à
leur tour, ils envoyèrent quelques brusleaux aux
Anglois, qui ne firent qu'un beau feu durant une nuit
fort noire [1].

Dimanche 22. — Les Rochelois, qui sont avec les
Angloix, demandent à parler à Treillebois [2], et au S^r de
L'Isle, susdits.

Lundi 23. — A 7 heures du matin, le vent estant
excellent pour les Angloix, et la marée commenceant à

---

[1] Bassompierre, t. III, p. 410.
[2] Bassompierre, t. III, p. 410. — Théophile Vigier, sieur de Treillebois, était protestant.

venir, les Rochelois tirent quantité de coups de canon, pour les resveiller.

Les Rochelois, qui sont avec Angloix picquez de ce que les Angloix les avoient accusez de lascheté aux 2 premières attaques, appareillent sur les 8 heures, et incontinent aprez commencent une escarmouche, où il y eut bien 3000 coups de canon tirez de part et d'autre, dont plusieurs coups tirez en l'air par les Angloix et Rochelois tumboirent sur la terre. Les ennemis envoyent 3 brusleaux; les 2 premiers sont accrochez par les chaloupes du Roy, à la portée du mousquet des grands vaisseaux ennemis, dont chascun faict sa descharge. Les voiles des 2 autres furent incontinent bruslez, et le vent ne les peust pousser vers le canal. L'un s'est approché vers Chef de Baye, où les chaloupes l'acrochèrent avec leurs grappins; le dernier est demeuré quasy tout contre les Angloix, jusques à la fin de l'escarmouche, que les chaloupes du Roy le furent prendre sur leur moustache.

M^r le Nunce fut couvert de terre d'un coup de canon tiré dans Corelles de La Rochelle. Une galiotte du Roy receut 3 coups de canon, dont nul ne la blessa. Un coup de l'armée Angloise porta jusques dans le fort d'Orléans et tua un soldat. Ilz s'avancèrent plus qu'aux deux autres attaques, non de l'entrée du canal, mais de la coste d'Angoulin.

Environ 15 chaloupes et 8 grands vaisseaux et galiottes du Roy se tenans queue à queue au reste de leur corps estoient à demye lieue de Chef de Baye plus proche que les autres fois, et, c'est ce petit nombre qui a tant essuyé de coups qui ne les peurent atraper, à cause de leur bassesse et petitesse.

Les Angloix ne se présentèrent point en tout au combat.

Mardi 24. — Les Rochelois, qui sont avec Angloix, demandent encor à parler à Treillebois et De l'Isle. On tient qu'ilz se vouloient rendre avant la prise de La Rochelle et le retour de Montagu, y ayant grande division entr' eux et les Angloix, et le Roy qui debvoit estre longtemps à Surgères, revient à Laleu [1].

Environ. — Mr de Fontaynes, secondé du Comte de Brion, se bat à Niort contre Mr de Règles, neveu de Mr de Marcheville, secondé du frère du Marquis de Trèves. Mr de Règles tué sur la place.

Chardavoine (que l'on croit avoir un caractère, à cause qu'il est sorty et rentré plusieurs fois dans La Rochelle sans pouvoir estre pris) reçoit une mousquetade dans les rheins d'un des gardes de Mr de Schonberg, qui avoit, pour ce subject, passé plusieurs nuictz, en embuscade auprès du Tadon.

Le Roy ayant permis aux marchans de Paris de garder une nouvelle redoute en la coste d'Angoulin, il

---

[1] Bassompierre, t. III, p. 412.

n'y en a point en meilleur ordre ny mieux armée. On l'apelle la Redoubte des Merciers; on ne s'y fût pas fié pourtant, sy elle eust été attachée aux autres travaux.

Mecredi 25. — Les gardes de M' de Schonberg, par galanterye et sans commandement, mettent le feu à la porte de Congne et bruslent le rateau qu'ils avoient graissé avec goudron.

Les Rochelois font 3 fumées à 3 tours et tirent 3 coups, pour quelque signal avec Angloix.

Un vaisseau marchand, poursuivi dans la rivière de Bordeaux par un petit vaisseau Angloix, le prend avec 22 Angloix, qui estoient dedans.

Les Rochelois ayant faict prier M' Arnauld par M' de Feuquière de les retourner voir, il y fut et rapporta de très bonnes nouvelles aux 3 ministres, qui se séparoient et retournèrent sur cela trouver le Roy, qu'ils venoient de quicter.

Jeudi 26. — Les Angloix ont ce que les Rochelois et toute l'armée du Roy leur désiroit : bon vent et gros d'eau, qui commence le soir. Ceux de l'armée du Roy leur firent signe du chapeau de s'avancer.

Vendredi 27. — M' Arnauld retourne à La Rochelle, d'où il amène 4 députez [1] : Vrette, gentilhomme, porté à la paix; Riffault, Mocquet et La Coste.

---

[1] Richelieu, t. I, p. 552. — *Mercure français*, 1628, p. 687.

Ils arrivèrent à XI heures chez Mr le Cardinal, qui n'alla au-devant d'eux et ne les conduisit. Il avoit disné auparavant; mais ilz ne laissèrent d'estre traictez magnifiquement. Il ne s'est jamais veu sy bien manger. Aprez, ils entrèrent en conférence, où Mr de Schonberg estoit aussy.

Mr le Cardinal leur fit entendre les volontez du Roy pour la grâce qu'il leur vouloit faire et pour le gouvernement de leur ville à l'advenir, où il n'y aura ny murailles ny citadelles, et leur fit escrire soubs luy ce qu'il leur disoit, les remettant à prendre résolution dans 15 jours, 3 semaines ou un mois. A quoi ils respondirent, comme gens affamez, qu'ilz désiroient que ce fust dès le lendemain, et qu'ilz luy apporteroient la résolution de la ville.

Lesdits députez témoignoient avoir soing de leurs concitoyens, qui sont avec les Angloix. Ilz furent bien estonnez, lorsqu'on leur fit voir le capitaine Brignault et Fossan [1] (qui sont avec les Angloix) arrivez à mesme heure pour traicter pour eux, sans penser non plus rencontrer les autres. Un des susdits députez Rochelois avoua, en s'en retournant, à Mr Meusnier, qui le conduisoit, qu'au commencement du siège ilz estoient 25000 âmes, sans dire ce qui restoit; que le temps estoit admirable, et qu'en ceste saison l'orage et la mer avoient acoustumé de faire trembler toute La Rochelle

---

[1] Le cardinal dit : Vincent et Gobert.

et de s'estendre jusques dans les rues. Mais ce qui est un effect merveilleux et un miracle visible de la bonté de Dieu dans ceste grande entreprise, c'est que, la peste estant furieuse aux deux tiers du royaume, ce canton en est demeuré entièremmemt exempt, au milieu des nécessitez espouvantables d'une ville réduicte à une telle extrémité et des infections, qui ont acoustumé d'acompagner les grandes armées, principallement après un si long siège.

Samedi 28. — Mʳ Arnauld amène dans un carrosse 6 députez de La Rochelle : Vrette, Riffault, Mocquet, La Coste, La Goutte et d'Angoulin, à 4 heures après midy. Ilz furent en conférence jusques à XI heures du soir avec Mʳˢ les 3 ministres et Mʳ d'Erbault (comme ayant le département de la province) et de ceux de la Religion prét.

Les articles furent signez par les dits députez et par Mʳˢ de Marillac et du Hallier [1]. (J'ay les dits articles en datte du dit jour, 28 octobre.)

A mesure qu'on leur proposoit une condition, ilz respondoient que c'estoit une trop grande grâce pour eux et qu'ilz n'en avoient jamais tant espéré, attendu leurs crimes et leur rébellion.

Monseigneur part le lendemain, 29, de Nyort pour retourner à Paris, sans voir La Rochelle [2].

---

[1] Richelieu, *Mémoires*, I, p. 552. — Bassompierre, t. III, p. 413.
[2] Bassompierre, t. III, p. 413.

Dimanche 29. — Dix députez de La Rochelle[1], avec la ratification des articles, se jettent à genoux aux pieds du Roy à Laleu, dans la chambre de Sa Majesté, qui estoit dans sa chaire, acompagné de Mʳ le Comte de Soissons, Mʳˢ les Cardinaux de Richelieu et de La Vallette, Mʳˢ de Chevreuse, de Bassompierre, de Schonberg, d'Esfiat et d'autres, et le Sʳ de La Goutte, advocat du Roy au présidial, portant la parolle, dit :

« Sire,

« Comme ceux qui ont esté longtemps dans les
« ténèbres d'un profond cachot, venans à la lumière,
« sont esblouis de la clairté du soleil; ainsy nous qui
« avons vescu longtemps dans les ténèbres de la déso-
« béissance, aprochans de la clairté de Votre Majesté,
« demeurons éperdus, avec des faces confuses, et
« n'oserions espérer (nous en estans rendus indignes)
« le pardon de Votre Majesté, sy, ces années passées,
« nous n'avions expérimenté les effectz de votre clé-
« mence; et néantmoins, après tant de récidives, nous
« osons nous prosterner à vos pieds, pour supplier Votre
« Majesté de nous vouloir pardonner et vous dire que,
« plus nous avons failly, plus vous imitez humaine-
« ment la Divinité, qui se plaist de pardonner aux plus
« grands pécheurs. Nous sommes, soubz ceste asseu-
« rance, Sire, venuz vous offrir nos personnes, votre

---

[1] Voir *P. Griffet*, t. I, p. 613. — Fontenay-Mareuil, *Mémoires*, p. 211. — Richelieu, t. I, p. 552.

« ville de La Rochelle et tous les habitans, sans autre
« condition que de votre grâce et clémence, laquelle
« nous espérons, puis que votre ville de La Rochelle a
« autresfois expérimenté la faveur du feu Roy Henry
« le Grand, vostre père, qui lui a faict cet honneur de
« venir habiter dans l'enclos de ses murailles, vous
« asseurons que, sy, au passé, nous avons désobéy,
« nous ferons à l'advenir, par notre obéissance, pa-
« roistre à Votre Majesté notre affection et fidellité à
« vous servir et prions Dieu que, comme vous surpassez
« la bonté de Trajan, vous surhaussiez en bonheur la
« prospérité d'Auguste. Ce sont les vœuz, Sire, de vos
« très-humbles et très-obéissans serviteurs et sub-
« jectz. »

J'ay une relation imprimée de l'ordre tenu pour les amener et présenter à Sa Majesté. Mr de Thoiras le prétendoit, comme gouverneur de la province, et M^r le Cardinal, comme généralissime. Le Roy jugea pour M^r le Cardinal, se souvenant de l'exemple de St Jan d'Angely, où le connestable de Luynes présenta les députez, bien que M^r d'Espernon y fust.

J'ay la dite harangue, au vray, avec la responce du Roy, imprimées à La Rochelle[1].

En mesme temps les Rochelois se mirent sur les remparts et contrescarpes à crier : Vive le Roy !

[1] Cette réponse est dans le *P. Griffet*, t. I, p. 614.

Le beau temps finit ce jour-là et commencea le lendemain à faire fort laid et à pleuvoir extrêmement.

Ordre donné pour l'entrée des troupes du Roy dans la Rochelle [1].

1. L'armée se mettra en bataille, dès les 7 heures du matin; ce qui est du quartier de Nêtre dans le pré, qui est devant la maison de Corelles; ce qui est du quartier de Perigny au-devant du fort des Salines, et ce qui est du quartier de Laleu au devant du fort St Esprit.

2. Les Régimens des Gardes françaises et Suisses se rendront aussy, à 7 heures du matin, au-devant du Plessis et se mettront moictyé du costé du chemin et moictyé de l'autre, affin que les gens de guerre, qui sortent de La Rochelle, passent au milieu des bataillons.

3. 50 mestres des gens d'armes du Roy et 50 de ses chevaux légers de la garde se rendront au mesme temps au susdit rendez-vous.

4. Mr le duc d'Angoulesme, avec Mrs les Maréchaux de France et les maréchaux de camp se rendront, à 8 heures du matin, à la porte de Congne, avec les gentilzhommes de leur suitte et leurs gardes, pour faire

---

[1] *Mercure français*, 1628, p. 702.

seurement passer et conduire les gens de guerre françois, qui sortiront de la ville, ausquelz il sera donné deux compagnies de cavallerye, qui marcheront, l'une à la teste, et l'autre à la queue, pour les conduire, jusques au lieu convenu, et, les susdits gens de guerre estans sortiz, on fera entrer les troupes du Roy; lesquelles, sy Sa Majesté le trouve bon, se sépareront en autant de corps qu'elle voudra commettre de Maréchaux de camp pour entrer ce jour-là dans la ville.

5. A l'entrée de la porte, on publiera un ban, à la teste de chaque corps, pour deffendre aux gens de guerre de sortir de leur rang et toucher à homme ou à femme de la ville, sous peyne de vye.

6. Les dites troupes entreront dez huit heures du matin. Les premiers iront droit à l'hostel de ville et aux magasins, où sont les poudres. Les seconds se saisiront des portes et murailles de la ville, et les troisiesmes s'iront mettre en bataille dans les places et carrefours, où les maréchaux de camp les conduiront.

7. Les gendarmes et chevaux-légers du Roy entreront aprez toute l'infanterye et se sépareront de 10 en 10, pour faire une patrouille continuelle dans les rues de La Rochelle.

8. Cependant les susdits maréchaux de camp et les

maréchaux des logis de l'armée feront les cantons de la ville.

9. Il n'entrera, pour ce jour-là, aucunes autres troupes dans la ville, ny mesme des gentilzhommes volontaires, et, pour exécuter plus facilement ce dessein, il n'y aura qu'une porte de la ville ouverte le lundy 30 octobre.

10. Le Prévost de la connestablye entrera avec ses archers à la suitte du premier corps des gens de guerre et n'oubliera pas son vallet de chambre au logis.

11. Les Prévostz des Régimens des Gardes françoises et Suisses en feront autant.

12. Les Angloix, qui sont dans La Rochelle, se mettront tous demain matin dans l'hostel de ville, d'où ilz ne sortiront point, jusques à ce qu'on leur fournisse un vaisseau pour s'embarquer.

13. Des troupes, qui doibvent estre en bataille devant la maison de Coreille, l'on en prendra deux compagnies, pour entrer dans le fort du Tadon, dez les 8 heures du matin.

14. Les fortz et les redoubtes demeureront garnis de leurs gardes ordinaires.

Ledit jour. — Mr de Feuquière estant délivré de prison par la reddition de La Rochelle vient trouver le Roy à [1] . . . . ., qui le receoit parfaictement bien.

Lundi 30. — Les troupes du Roy entrent dans La Rochelle, environ au mesme ordre cy-dessus [2].

Il en sort 60 soldatz françois, entre lesquelz 7 ou 8 gentilzhommes, tous chancelans de faim, et on ne peult jamais les faire marcher, jusques à ce qu'on leur dit qu'à la porte ilz trouveroient du pain.

Mr Arnauld, dez le grand matin, fut dire à Guiton, maire, qu'il baillast les clefz à Mr d'Angoulesme et non au Roy, comme il prétendoit; ce qu'il fit. Il voulut haranguer; mais on luy imposa silence, comme estant à la fin de son authorité.

En entrant, la ville estoit déserte; mais, une heure aprez, le peuple, voyant le grand ordre, commencea à se monstrer.

Il n'y eut jamais capitulation plus religieusement observée. Il n'y a pas eu une esguillette prise ny une seulle parolle dicte aux habitans. — Un seul soldat, ayant quicté son rang, a été mis en prison. — Nul n'est entré dans aucun logis.

Les généraux de l'armée (excepté Mr de Bassompierre, à cause que les troupes sont entrées par la porte

---

[1] En blanc.
[2] Voir *P. Griffet*, t. I, p. 616. — Voir Fontenay-Mareuil, p. 211. — Richelieu, t. I, p. 552.

de Corigne, qui n'est de son quartier), c'est-à-dire Mrs d'Angoulesme et de Schonberg, se promenoient continuellement par les rues pour tenir toutes choses en debvoir. — Le Prévost de la connestablye en faisoit autant.

Il est péry de faim plus de 15000 personnes (Mr de Noyers m'a asseuré 23000).

La livre de pain a valu 10 écus; le picotin de bled C livres, le boisseau 800, le muid 20000 écus. — Une vache 3 ou 4000 livres; un mouton 300 liv. — La livre de cheval 12 écus; la livre de peau de vache 1 écu; la livre d'escorce de citron 20 écus; la pinte de vin 2 écus.

On a trouvé à dire les cuisses d'une femme qui venoit de mourir.

Ilz n'avoient plus la force de creuser les fosses pour enterrer les mortz, et, quand ilz estoient tumbez, ilz ne se pouvoient plus relever [1].

Leur constance enragée estoit telle qu'ilz alloient faire prendre la mesure de leur fosse et bière, la payoient tout ce qu'on vouloit, et, quand ilz alloient au convoy d'un de leurs amis mort, ceux qui se sentoient fort foibles demeuroient dans le cimetière, sur le bord de leur fosse, prioient les autres de s'en retourner, et, à mesure qu'ilz se sentoient affoiblis, se rouloient dans leur fosse. Jamais les pauvres habitans mourans de

---

[1] Voy. *P. Griffet*, t. 1, p. 618.

faim n'ont tasché de prendre le bled, que l'on portoit moudre pour ceux qui en avoient encor.

Leur cimetière, tout labouré de fosses, estoit encor couvert de plus de 60 corps enseveliz et non enterrez.

L'éloquence du ministre Salbert a beaucoup servy pour les résoudre à souffrir ces extrémitez, et l'opiniastreté de Guiton, maire, auquel un de ses amiz luy monstrant un honneste homme de leur cognoissance, qui mouroit de faim, il respondit : « Vous estonnez-vous de cela ? Il fault bien que vous et moy en venions là ; » et, comme un autre luy disoit que tout le monde mouroit de faim, il respondit : « Pourveu qu'il en demeure un pour fermer les portes, c'est assez. »

M^r le Cardinal entre, l'après disnée, dans La Rochelle, suivy de toutte la cour; il avoit un chapeau pelu avec un cordon d'or. On dit que, sur quelque chose qu'il demandoit, le maire lui respondit qu'il valoit mieux se rendre à un Roy, qui scavoit prendre La Rochelle qu'à un qui ne la scavoit pas secourir [1].

Le Roy fit distribuer, ce jour-là, aux pauvres habitans 12000 pains, et M^r le Cardinal 6000.

Il ne s'est jamais rien veu sy brave qu'estoient ce jour-là les capitaines et officiers du Régiment des gardes, et les soldatz, qui en entrant avoient du pain au bout de leurs picques, y gangnèrent beaucoup.

---

[1] *Griffet* considère cette réponse comme fausse et tirée des *Mémoires de Pontis*. Mais le *P. Griffet* doit se tromper; l'affirmation d'Arnauld est nette. — Voy. Fontenay-Mareuil, p. 212.

Les Rochelois, qui estoient avec les Angloix, se rendent au Roy. Ilz avoient 12 ou 15 vaisseaux; une partye joinct son armée navale à la digue, et l'autre est envoyée en Brouage.

Mardi 31. — Le très mauvais temps empesche le Roy de faire son entrée dans La Rochelle. Il se promena seullement à l'entour de la ville, par dehors.

Le Roy escrit de sa main à Mr l'archevesque de Paris la réduction de La Rochelle.

J'ay la lettre imprimée.

NOVEMBRE

Mercredi 1er, jour de Toussains. — La pluye continue à estre extresme; ce qui empescha le Roy d'entrer en cérémonie. Il avoit seullement ses gardes de cheval et de pied en armes.

Le matin, Mr l'archevesque de Bordeaux bénit l'église Ste Marguerite où Mr le Cardinal dit la messe, communia Mr le Garde des seaux, Mr de Schomberg, et tous ceux qui se présentèrent [1].

Ce mesme matin, le Roy touche les malades à Laleu.

L'après disnée, les habitans de La Rochelle, comme on leur avoit ordonné, vont au-devant de Sa Majesté, crier : « Vive le Roy! », et luy demander pardon.

---

[1] Voy. *P. Griffet*, t. I, p. 620. — Voy. Fontenay-Mareuil, p. 212. — Richelieu, t. I, p. 553. — Bassompierre, t. I, p. 414.

Le Roy entre par la superbe porte de Congne. Le Maire s'y vouloit trouver; mais on le lui deffendit, Sa Majesté ne le voulant point voir ny Salbert et les autres ministres.

4 compagnies des gardes marchoient devant le Roy avec leurs drappeaux et deux des Suisses. — Suivoient de mesme touttes les compagnies de chevaux-légers, armez de touttes pièces. — Alloient après les mousquetaires. La garde du corps et la noblesse suivoient le tout sans cérémonie. — M⁰⁰ de Bassompierre, de Schomberg et d'Angoulesme au milieu marchoient en un mesme rang. — Mʳ le Cardinal marchoit seul devant le Roy, en la place de connestable. — Le Roy alla droict à l'église, où l'on chanta Te Deum et Vespres.

Le peuple estant sorty au-devant du Roy, criant : Miséricorde, le Roy dit : Grâce, et puis ilz se mirent à crier : « Vive le Roy ! »

Mʳ l'archevesque de Bordeaux fit l'office du Te Deum et le Père Suffren la prédication.

Le Roy retourna coucher à Laleu.

Jeudi 2. — Le Roy va coucher à La Rochelle.

Vendredi 3 ou Samedi 4. — Procession générale du Sᵗ Sacrement[1]. Tous les habitans de La Rochelle eurent commandement de tendre les rues; ce qu'ilz firent.

---

[1] Bassompierre, t. III, p. 415.

Mʳ de Bordeaux portoit le Sᵗ Sacrement; Mʳ d'Angoulesme, Mʳ le Comte d'Alez, Mʳ de Bassompierre et Mʳ de Schomberg portoient le poisle. Le Roy suivoit teste nue et Mʳ le Cardinal vestu¹...

Aprez cela toutte la noblesse extrêmement brave, et tous un cierge à la main.

On désarme les habitans.

On commence à démolir les bastions.

Le midlord Montagu arrive, estant venu par Sᵗ Malo².

Laulnay, lieutenant des gardes, accompagné de 50 chevaux-légers du Roy, mène Madᵉ et Madˡˡᵉ de Rohan prisonnières au château de Nyort³. L'extrême nécessité des Rochelois, lorsqu'ilz traictèrent, fit qu'ilz ne parlèrent pas seullement d'elle, qui auparavant avait eu un sy grand pouvoir dans leur ville.

Le Roy envoye, pour donner adviz de ceste nouvelle, Quincy vers l'empereur, Bauton l'aisné en Espagne, La Rivière Puy Greffier à Rome et Fontenay en Piedmont et à Mantoue.

Le Roy casse 4 petitz régiments : La Chapelle-Ballois, le Comte de Tessé, La Grange Sᵗ Vivien et⁴...

On donne l'estrapade à 2 où 3 soldatz, qui vouloient rompre la porte du temple neuf.

Les Régimens de La Meilleraye, de Chappes et de

---

¹ Inachevé dans le manuscrit.
² Bassompierre, t. III, p. 415.
³ *Mercure français*, 1628, p. 716.
⁴ En blanc dans le manuscrit.

Castelbazard entrent dans La Rochelle, au lieu du régiment des gardes, qui vient de son quartier garder les postes et le logis du Roy.

On y laisse aussy en garnison, outre les 3 susdits régimens, celluy du Plessis-Praslain. — Les compagnies de chevaux-légers de La Borde Vely, de Bussy, du marq. de la Fosselière, de [1]. . . . . et la réserve de Carabins de M.r Arnauld.

Partye de l'armée navale du Roy se met entre La Rochelle et la digue, et l'autre dans le port.

On met affiches portans commandement aux bourgeois de jetter dans les rues les bouletz à canon, qu'ilz ont dans leurs maisons.

On commence la démolition à un bastion non remparé, prèz la porte S.t Nicolas, et à la demie lune de la porte de Congne, que l'on faict sauter par mines.

Mardi 7. — La nuict, la *tempeste* est sy grande qu'elle rompt 40 thoises de la digue, du costé de Marillac [2]. Le vaisseau du chevallier de La Fayette, poussé dans le port d'un coup de vent, rompt 3 ou 4 machines, sans s'endommager.

5 ou 6 vaisseaux Angloix s'eschouent à la coste d'Angoulin, au pied de Chastellaillon. Quelques uns disent que les Rochelois, qu'ilz retiennent prisonniers, en avoient couppé les chables. — 2 vaisseaux Rochelois

---

[1] En blanc dans le manuscrit.
[2] Bassompierre, t. III, p. 416.

s'eschapent des Angloiy et se sauvent parmi ceux du Roy.

Mᵣ le Cardinal et Mᵣ d'Esfiat vont à Brouage, pendant que l'on travaille au licentiement de partye de l'armée navale. Mᵣ le Cardinal revient le 13 à La Rochelle.

Un soldat de l'armée du Roy est pendu, pour avoir frappé un habitant de La Rochelle.

La Grossetière est renvoyé à Poictiers au Grand Conseil, qui luy fit trancher la teste.

On met tous les canons de La Rochelle devant le Temple; il y en avoit 44 de fer et 66 de fonte, dont 10 gros, 35 grandes et belles couleuvrines, et le reste pièces de campagne.

Vendredi 10. — La nuict, l'armée Angloise fait voile, pour s'en retourner[1], brusle 3 moyens vaisseaux, qu'elle ne pouvoit emmener. Plusieurs vaisseaux Rochelois se sauvent d'avec eux; les uns se retirent à la digue. Une barque et un grand vaisseau, chargé de victuailles autresfois destinées pour La Rochelle s'eschouent à La Flotte et à Sᵗ Martin de Ré.

On pose des corps de garde par toutes les rues, places, carrefours et lieux forts de La Rochelle, avec ordre d'arrester la nuict tous ceux qui vont sans feu.

Déclaration du Roy sur la réduction de La Rochelle

---

[1] Voy. Fontenay-Mareuil, p. 212. — Bassompierre, t. III, p. 416.

contenant l'ordre et police que Sa Majesté veult y estre
estably. Je l'ay imprimée.

Le Roy résoult le razement de Xainctes, S¹ Maixant,
Loudun, Beauvois-sur-mer.

Jeudy 16. — Le Roy résoult en son conseil dans La
Rochelle, M' de Thoiras président, le rasement du fort
S¹ Martin de Ré ¹.

Samedi 18. — Le Roy part de La Rochelle ², ayant
envoyé par M' de Thoiras la plus grande partye de son
armée en garnison en Auvergne; arrive à Dourdan le
Lundy 27 novembre et à Limours le mercredy 29, où
les Reynes le furent trouver ³, et la Reyne, sa mère, le
traicta et toutte la Cour.

DÉCEMBRE

Jeudi 14. — Le Roy, de Versailles où il retourna
coucher, vint à Luxembourg, où il tint grand conseil,
auquel la guerre d'Italie fut absolument résolue.

Samedi 23. — Entrée du Roy à Paris, à laquelle on
marcha en cet ordre :

— Mousquetaires du Roy;

---

[1] Bassompierre, t. III, p. 417. — *Vie de Toiras*, p. 104.
[2] Bassompierre, t. III, p. 417.
[3] Fontenay-Mareuil, p. 214.

— 3 chariotz de triumphe de la ville, qui n'estoient pas grand chose;

— Archers de la ville;

— Chevaux-légers de la garde du Roy;

— Noblesse;

— Quelques'uns de l'hostel de ville;

— Grand Prévost et le Président de Chevry, colonel de Paris, à costé de luy;

— Archers du Grand-Prévost à pied;

— Les 100 Suisses de la Garde;

— M^r le duc de Montbazon, gouverneur de Paris et Isle de France;

— Ville, eschevin, prévost des marchands, qui l'avoit disputé aux maréchaux de France; mais il le perdit;

— Trompettes du Roy;

— Mareschaux de Schomberg et de St Luc;

— Mareschaux de St Géran et de Bassompierre;

— Le Roy;

— M^r le duc de Chevreuse — M^r le duc de Luxembourg — M^r Le Premier, St Simon.

— Monseigneur;

— Mr Douailly, capitaine de ses gardes — M^r le comte de Brion, son 1er escuyer;

— M^r le comte de Soissons.

— Mr de Buy, guidon des gens d'armes du Roy;

— Gens d'armes du Roy.

1629

François IV, duc de Mantoue, était mort en 1612 ; Ferdinand, son frère, qui lui avait succédé, était mort en 1626 ; et Vincent, le cadet des trois, avait recueilli la succession et était mort en 1627. L'héritier légitime était Charles de Gonzague, duc de Nevers, grand-oncle des trois derniers ducs; son fils, le duc de Rethelois, avait épousé Marie, fille de François IV, et avait réuni par là tous les droits.

L'empereur, le roi d'Espagne, le duc de Savoie et toute l'Italie se déclarèrent contre le duc de Nevers qui n'avait d'autre appui que celui de la France, où il était établi, chacun de ces princes voulant ou disposer de ce duché, on s'en emparer, ou le partager.

Le Cardinal de Richelieu, qui souhaitait la gloire de son maître, et qui en même temps voulait l'enlever aux cabales que la reine et son conseil excitaient contre lui, décida le roi à partir lui-même pour aller secourir le nouveau duc de Mantoue.

La reine mère est déclarée régente.

Le code Marillac, nommé communément le code Michaut, publié en forme d'édit ; c'était un recueil de nos plus fameuses ordonnances, auxquelles on avait joint celles qui avaient été faites sur les demandes des derniers états généraux, où l'on statue sur les demandes de l'assemblée des notables aux Tuileries : le roi, malgré les oppositions du Parlement, le fit publier dans un lit de justice, car il n'est pas dit qu'il y fut vérifié; aussi cet édit n'a point été observé dans la suite et les avocats ne le citent pas comme une loi.

Le roi en personne force les trois barricades du Pas-de-Suze le 6 Mars, ayant sous lui les maréchaux de Créqui et de Bassompierre. Traité de Suze par lequel le duc de Savoie remet cette ville entre les mains du roi, pour sûreté du secours dont il devait contribuer à la levée du siège de Casal. Levée du siège de Casal par les Espagnols.

Le roi, à son retour, voyant que les Huguenots remuaient toujours malgré la déclaration qu'il avait rendue avant son départ pour leur ordonner de poser les armes, marche vers Privas qui fut saccagé le 27 Mai. Alais capitule le 8 Juin; le Cardinal entre dans Montauban le 20 Août et la paix fut accordée aux Calvinistes par un édit de pacification.

Le duc de Rohan, qui vit l'inutilité d'un dernier traité qu'il venait de signer avec le roi d'Espagne, se retira à Venise jusqu'à ce que les circonstances des temps et l'estime due à ses talents lui procurèrent le commandement de nos troupes dans la Valteline. Ce fut là qu'il composa ses Mémoires.

La duchesse de Rohan, sa femme, fille de Mr de Sully, et digne de son père et de son mari, s'y était retirée dès 1627; elle mourut en 1660, à Paris.

On lit dans un mémoire qu'elle a écrit qu'il y eut entre le Grand-Seigneur et le duc de Rohan un traité de vente de l'île de Chypre, qui rendait le duc de Rohan souverain de Chypre moyennant cent mille écus et vingt mille écus par an de tribut; divers accidents en empêchèrent l'exécution.

Le cardinal de Richelieu est fait principal ministre par lettres patentes du 21 novembre.

Le roi, dans le dessein de supprimer les états de la province de Languedoc, rend un édit portant création de vingt-deux élections dans cette province, ce qui la remettait dans l'ordre des autres provinces du royaume. Cet édit n'eut lieu que pendant deux ans, au bout desquels il fut aboli, les privilèges rendus à la province de Languedoc, et l'usage rétabli de l'assemblée des Etats.

Le roi avait signé un traité à Suze avec le roi d'Angleterre, dès le 24 avril, pour s'assurer que ce prince ne secourrait point les rebelles pendant son absence.

La paix est signée à Lubec, le 27 Mai, entre le roi de Danemark et l'empereur, dont les armes avaient jusque-là fait trembler toute l'Allemagne.

1629.

JANVIER

Lundi 1ᵉʳ.

Dimanche 14. — Le Roy va et revint à pied à Notre-Dame des Vertuz, où communia — en allant ne parla à personne, dit tousiours son chapellet et tesmoigna grande dévotion.

Lundi 15. — Le Roy va au Parlement[1].
Les Présidens de Belièvre et de Novion, avec 4 conseillers, allèrent au-devant de Sa Majesté jusques à la Sᵗᵉ Chappelle, où elle entendit la messe.

En la séance estoient :
— Les Cardinaux de Richelieu, de Bérule, de La Vallette ;
— Les ducs d'Usez, de Luxembourg, de Ventadour, de Montbazon, de Brissac, de Chaulnes ;
— Les Maréchaulx de[2] . . . . . ., de Bassompierre, de Schonberg, de Sᵗ Luc ;
— Conseillers de robe courte, Mʳ d'Effiat.
— Mʳ de[3] . . . . . estoit aux pieds du Roy.

---

[1] Voy. Fontenay-Mareuil, p. 213. — *Mercure français*, t. XV, p. 26.
[2] En blanc dans le manuscrit.
[3] *Idem*.

Le Roy parla, puis M' le Garde des Seaux, qui fit une longue narration de tout le siège de La Rochelle — Aprez M' le Président Le Jay; et puis M' Talon.

M' le garde des Seaux prononce que sur les ordonnances mises entre les mains du greffier seroit escript : leues, publiées et enregistrées.

Mardi 16. — Le Roy part de Paris pour son voyage de Piedmont [1].

Vendredi 19. — M' le Cardinal part de Paris pour suivre le Roy. — M' le Garde des Seaux ne partit que le [2] . . . . .

FEBVRIER

Jeudi 1er.

Mardi 6. — Monseigneur part de Paris. On croioit qu'il alloit trouver le Roy; mais il fut seullement à Dombes [3].

Jeudi 8. — M' Le Grand Prieur [4] meurt au bois de Vincennes. Il avoit 4 abbayes. Madame de Vendosme les faict demander pour son second filz. — M' d'Elbeuf

---

[1] Le *P. Griffet* dit qu'il partit le 15, le jour même de la séance du Parlement. — *Mercure français*, t. XV, p. 32.

[2] Inachevé dans le manuscrit.

[3] *Mémoires de Bassompierre*, t. IV, p. 4.

[4] Alexandre, chevalier de Vendôme, fils de Henri IV et de Gabrielle d'Estrées, mourut au château de Vincennes où il était prisonnier, depuis 1626, avec son frère aîné César.

escript pour un de ses enfans. — Le Roy donne La Valasse, vallant XII ᵐ livres, à Mʳ de de Metz, Sᵗ Faron de Meaux, vallant XIIII ᵐ livres, à Mʳ de Moret, et offre Marmoutier, vallant XII ᵐ livres seullement, mais un des plus beaux bénéfices de France pour les collations, et Sᵗᵉ Latine, vallant . . . . . livres, à Mʳ le Cardinal de Richelieu; lequel les ayant refusées, Sa Majesté les donna à Mʳ le Cardinal de Bérulle.

Lettre du Roy à Mʳ le Cardinal de Richelieu, du 13 febvrier.

« Mon cousin, ayant apris par une lettre de la Reyne, Madame ma mère, que le Grand Prieur estoit mort, j'ay voulu vous escrire ce mot, pour vous dire que je vous donne les deux meilleures abbayes de celles que possédoit le Grand Prieur. Pour les deux autres, je les donne à mon cousin le Cardinal de Bérulle. Celle-cy n'estant à autre fin, je prieray le Bon Dieu qu'il vous conserve et garde aussy longtemps que je le désire.

« *Signé :* LOUIS. »

Responce de Mʳ le Cardinal, dudit jour.

« Sire,

Je scay qu'ainsy qu'on ne peult sans faute se rendre à charge aux grands Roys par des demandes importunes, on ne doibt pas aussy refuser les effectz de leurs liberallitez. Cependant m'estant garenti jusques à présent du premier inconvénient, je me trouve, à mon grand regret, contrainct de tumber au dernier, suppliant très humblement Vostre Majesté de trouver bon que je ne reçoive pas les deux abbayes, dont il luy a pleu me faire don. Sy je luy faisois ceste supplication sans cause, j'avoue que ma retenue seroit un crime; mais estans fondée en raison, elle l'approuvera, je m'asseure. Elle provient, Sire, de ce que ces deux prieurés vacquans par la mort de feu M^r le Grand Prieur et qu'ayant esté dans vos conseilz lors que les intherestz de vostre état vous contraignoient de faire arrester sa personne, il me semble que je contreviendrois au cœur qu'il a pleu à Dieu me donner, sy je profitois de son malheur et prenois part à sa despouille. J'ai désia receu beaucoup d'effectz de la bonté de Vostre Majesté, dont je luy suis infiniment redevable, et, comme elle a tesmoigné en ceste occasion qu'elle a volonté de m'en départir d'autres, je la puis asseurer que je ne seray jamais sy mal advisé de la refuser, sy son service ne m'y oblige, ainsy que mes sentimens m'y contraignent en ce rencontre. Je la conjure, Sire, d'agréer ces considérations et de croire que les seulz intherestz que j'auray toutte ma vye seront les vostres et l'honneur que l'on peult acquérir en servant un sy grand prince, de qui je seray éternellement le très humble, très obéissant, très fidelle et très obligé subject et serviteur.

« Le Cardinal DE RICHELIEU »

Mecredi 14. — Le Roy arrive à Grenoble [1]. Le Prince Thomas [2], qui estoit en Savoye, envoye un gentilhomme luy faire compliment sur son arrivée et sçavoir sy Sa Majesté auroit agréable qu'il vînt luy-mesme luy baiser les mains. Sa Majesté respond qu'elle recevroit voluntiers cet office et que, pour peu qu'il différast, il la trouveroit aux deux tiers du chemin.

MARS

PASSAGE DE SUZE

Le Roy ayant envoyé plusieurs fois vers le duc de Savoye pour luy déclarer son intention de secourir Casal et asseurer la liberté de l'Italye et pour luy demander passage par ses estatz, avec asseurance d'empescher tous actes d'hostilité et de ne luy apporter aucun dommage, ledit duc auroit tousiours respondu qu'il estoit prest de satisfaire au désir de Sa Majesté, la suppliant aussy de trouver bon qu'avec quelque honeste prétexte il peust desgager sa parolle d'avec Espagne, et, pour ce subject il auroit faict ouverture à Sa Majesté de plusieurs expédiens qu'elle n'a pas approuvé, comme estans préjudiciables au repos de

---

[1] Voy. *P. Griffet*, t. I, p. 658. — Bassompierre, t. IV, p. 5.
[2] Thomas-François de Savoie, prince de Carignan (cinquième fils de Charles-Emmanuel Ier, duc de Savoie), né en 1596, mort en 1656; passa du service de l'Espagne à celui de la France en 1642, fut grand maître de France. Il avait tenté d'enlever à sa belle-sœur Christine la tutelle de ses enfants, puis s'était réconcilié avec elle. Il avait épousé en 1625 la comtesse de Soissons, et fut le grand-père du prince Eugène.

l'Italye et contraires au dessein qu'a Sa Majesté d'y faire régner la paix et d'y establir la justice ¹.

Jeudi 1ᵉʳ. — Le Roy passe le mont Genestre et se loge à Oulx ², où le Comte de Verrue, qui auparavant l'avoit joinct à Ambrun, ayant faict quelques autres propositions, ausquelles Sa Majesté ne voulut entendre. Sa Majesté envoye le jour mesme à Chaumont (qui est la dernière place de France sur ceste frontière) une partye de son avant-garde, composée du Régiment des Gardes, des Suisses du régiment du Comte de Sault, de ses compagnies de gens d'armes, de chevaux-légers et de mousquetaires et de la Compagnie de Brissac, avec partye de l'artillerye; le tout soubz la conduicte de Mʳˢ les Maréchaux de Crégny et de Bassompierre.

Vendredi 2. — Mʳ le Cardinal de Richelieu s'advance à Chaumont ³, affin de pourvoir à touttes les choses nécessaires pour le passage de l'armée et le sien; et là, par le retour du commandeur de Valence ⁴, que le Roy avoit envoyé vers Mʳ de Savoye pour sçavoir sa dernière résolution, il apprit que le Prince de Piedmont ⁵ venoit trouver le Roy et désiroit de le voir auparavant,

---

¹ Voy. *P. Griffet*, t. I, p. 659.
² Voy. *P. Griffet*, t. I, p. 605. — *Mercure français*, t. XV, p. 122.
³ Voy. *P. Griffet*, t. I, p. 660.
⁴ Rohan, t. IV, p. 7.
⁵ Victor-Amédée, fils du duc de Savoie Charles-Emmanuel Iᵉʳ, époux de Christine de France, sœur de Louis XIII.

affin de convenir avec luy des moyens de contenter Sa Majesté et luy rendre sa venue plus agréable.

Samedi 3. — Le Roy attend à Oulx Mʳ le Prince de Piedmont avec dessein de le recevoir avec toutte sorte de bon traictement et de témoignages de bienveillance; mais il ne vint point.

La Reyne, mère du Roy, ayant eu adviz à Paris (on tient que c'est par Mʳ de Soufferte, gentilhomme de Mʳ de Bellegarde, lequel arriva ce jour et fut 5 heures dans le Louvre, que Monseigneur venoit de Montargis à Fontainebleau et vouloit aller le lendemain à Coulommiers espouser la Princesse Marie, fille de Mʳ de Mantoue. Aprez avoir tenu conseil, où estoient Mʳ le Cardinal de Bérule, Mʳ d'Esfiat et Mʳ de Rancé, elle faict partir à 8 heures du soir 30 où 40 chevaulx (sçavoir 14 de ses gardes et le reste gentilshommes volontaires et quelques mousquetaires à cheval) commandez par Mʳ de Cusac, auquel elle donna charge de toutte la conduicte avec 3 de ses carrosses à 6 chevaux chacun que l'on disposa en relais et 12 chevaux en main. — Tout cela s'assembla à la Bastille et sortit par la porte Sᵗ Anthoine, où on laissa 6 soldatz, qui arrestoient ceux qui n'avoient le mot. A minuict la Reyne fit partir 40 où 50 autres chevaux et 2 carrosses, et le lendemain, elle faict encor partir 40 ou 50 autres chevaux et . . . . .¹ che-

---
¹ En blanc dans le manuscrit.

vaux de carrosse. Le Dimanche, à 8 heures du matin, Mʳ de Cusac arrive à Coulommiers (on dit que Madᵉ de Longueville en avoit adviz 4 heures auparavant) — envoye 4 hommes se saisir de la porte du château qu'il trouve ouverte — suit et entre avec le reste ; faict lever et habiller Madᵉ la douairière de Longueville et la Princesse, disant avoir commandement de la Reyne, mère du Roy, de les amener vers elle, les faict mettre dans le carrosse de Madᵉ de Longueville. Comme ils avoient passé le Bois de Vincennes, la Reyne, qui leur avoit faict préparer dans le Louvre la Chambre de Madᵉ de Comballet, changea d'adviz et manda à Mʳ de Cusat de les mener au bois de Vincennes et à Mʳ de Thorestelnau de les y recevoir. Ainsy elles y arrivèrent à XI heures du soir et furent mises dans une mesme chambre avec toutes leurs femmes dans le logement du Roy dans la grande cour.

Le jour mesme, la Reyne avoit envoyé Mʳ de Marillac à Fontainebleau donner adviz de la résolution qu'elle avoit prise à Monseigneur, lequel tesmoigna en estre en extresme cholère, fut depuis à Orléans, puis à Blois.

Le Lundi 5ᵉ Mars, Madame la Comtesse de Soissons, Madᵉ la Comtesse de Sᵗ Pol et et Madame la duchesse de Longueville furent dire merveilles à Mʳ le Cardinal de Bérule, comme le croyants autheur de ce conseil, et furent faire leurs doléances à la Reyne, mère du Roy, qui permit à Madᵉ la Duchesse de Longueville de voir les princesses prisonnières.

Dimanche 4. — Mʳ le Prince de Piedmont vient trouver Mʳ le Cardinal de Richelieu à Chaumont[1], et, aprez un discours de deux heures, au lieu d'aller à Oulx, où le Roy l'attendoit, il retourna à Thurin, disant tout haut devant Mʳˢ les Maréchaux de France et autres Seigneurs que Mʳ le Cardinal l'avoit tellement satisfaict que, dez l'heure, il seroit prest de se soubzmettre entièrement à la volonté du Roy et d'en donner parolle asseurée, sans le respect qu'il debvoit au duc, son père, lequel il alloit voir en dilligence pour cet effect, et que le lendemain, qui estoit le lundy, il reverroit Mʳ le Cardinal avant midy et de là iroit faire la révérence au Roy.

Lundi 5. — Le Prince de Piedmont, au lieu de venir, comme il avoit promis, envoye faire ses excuses à Mʳ le Cardinal par une lettre, disant qu'il avoit trouvé le Duc de Savoye plus loing qu'il ne pensoit et que dans le soir on auroit de ses nouvelles.

Sur les 5 heures du soir, Mʳ le Comte de Verrue vient trouver Mʳ le Cardinal à Chaumont[2] et luy dit que Mʳ de Savoye s'estant trouvé mal se faisoit apporter dans une chaise, pour le désir qu'il avoit de tesmoigner luy-mesme son obéissance et sa bonne affection vers le Roy, et qu'il eust esté marry que le Prince de Piedmont

---

[1] Voy. *P. Griffet*, t. I, p. 660. — Richelieu, *Mémoires*, I, p. 605. — Bassompierre, t. IV, p. 7.
[2] Voy. *P. Griffet*, t. I, p. 660. — Bassompierre, t. IV, p. 7.

luy eust osté cet honneur. Mʳ le Cardinal ne reçoit point en payement ces civilitez, le presse de luy dire les intentions de Son Altesse; qu'aprez tant de divers messages, il estoit temps de parler nettement et de prendre une résolution. Le Comte de Verrue employa prez de trois heures en discours pour persuader Mʳ le Cardinal de faire agréer au Roy que, puisque le duc de Savoye se résolvoit de luy laisser le passage libre, ainsy que dès lors il l'en asseuroit de sa part, et qu'il passoit par-dessus toutes les considérations des reproches que les Espagnols luy feroient, il estoit raisonnable qu'il pleust à Sa Majesté luy accorder dans la despouille de Montferrat autant que le Roy d'Espagne avoit faict et qu'il luy fust permis de retenir toutes les places qu'il y tenoit, ou au moins que le Roy les luy donnast en faveur de Madame sa sœur, et que, cela estant, dez le lendemain les passsages luy seroient ouvertz. Mʳ le Cardinal trouva ceste proposition fort estrange et luy dit que la certitude qu'il avoit de la justice et de la générosité du Roy, au poinct que toute la Chrestienté le recognoist, luy faisoit croire qu'il en feroit le mesme jugement, qui est qu'il y avoit grande différence entre ce que Mʳ de Savoye avoit extorqué pour récompense de favoriser une usurpation manifeste et ce qu'il pouvoit espérer de Sa Majesté, qui venoit pour s'y opposer et protéger ses alliez; que néantmoins il luy feroit sçavoir sa légation. Aussy tost que le Comte de Verrue fut party pour retourner à Suze, où le duc de Savoye et le

Prince de Piedmont l'attendoient, Mʳ le Cardinal envoya vers le Roy, lequel, selon son advis, se résolut de ne point perdre de temps, partit d'Oulx à XI heures du soir et se rendit à Chaumont¹, 3 heures avant le jour, acompagné de Mʳ le Comte de Soisons, de Mʳ de Longueville, de Mʳ le Maréchal de Schomberg arrivé 2 heures auparavant (car il estoit demeuré derrière à cause de sa goutte, qui l'avoit retenu longtemps à Troyes) et de toutte sa noblesse. Là, Sa Majesté, sans se reposer, donna les ordres pour commencer l'attaque, qui se fit en ceste sorte sur les 7 heures du matin.

Lundi 6. — A un quart de lieu de Chaumont, le duc de Savoye avoit faict faire une assez foible barricade proche du lieu, où les confins de la France et du Piedmont se rencontrent. A un quart de lieu plus bas, au-dessous du fort de Gelasse, qui est du Piedmont, il y en avoit une autre très forte, bien flanquée et fort haulte, qui fermoit un passage estroict et creux entre deux montagnes, et, 100 pas au-delà, une troisiesme qui deffendoit la seconde, laquelle recevoit aussy un grand service de ce fort de Gelasse, scitué sur un grand rocher, au pied duquel il falloit passer à la mercy des canons et des mousquetades.

Sur les 7 heures du matin, le Roy se trouve en personne au champ de bataille, accompagné de Mʳ le

---

¹ Voy. *P. Griffet*, t. I, p. 661. — Bassompierre, t. IV, p. 7. — Fontenay-Mareuil, p. 217.

Comte de Soissons, M' le Cardinal et des chefz et officiers de l'armée, Princes, seigneurs et gentilzhommes, avec les troupes, entre lesquelles estoient les Régimens de Navarre, Piedmont, Stissac, Rambures et Vaubercour, qui depuis les premières s'estoient rendues sur la frontière comme faisans partye de l'avant-garde; et Sa Majesté ayant donné les ordres, elle envoie M' de Comminges à la première barricade des Piedmontais, pour dire de sa part à celluy qui y commandoit qu'il eust à laisser le chemin libre, affin que les mareschaux allassent les marquer dans Suse, pour la commodité de son passage, avec asseurance d'y entrer comme amy[1]. Le Comte de Verrue se présenta, et, aprez que le S' de Comminges se fut acquité de sa commission, il lui dit que, voyant notre armée en l'estat où elle estoit, il n'y avoit point d'apparence qu'elle vînt avec dessein de paix; qu'il le prioit de luy donner le temps de parler à Son Altesse, qui n'estoit qu'à 500 pas de là, affin de luy rendre une responce plus certaine. Le S' de Comminges repartit qu'il n'avoit pas charge d'attendre, et soudain s'estant retiré, le combat commencea.

M^{rs} les Maréchaux de Créquy, de Bassompierre et de Schomberg commandoient aux troupes, assistez de M^{rs} d'Auriac, commandeur de Valencé et de Thoirax, maréchaux de camp. Mrs de Sauvignac et de St Preuil,

---

[1] Fontenay-Mareuil, p. 217. — Bassompierre, t. IV, p. 9. — *Mercure français*, t. XV, p. 125. — Le *Mercure français* donne un plan des barricades de Suze.

capitaines dans le régiment des gardes, conduisoient les enfans perduz, qui estoient 100 ou 120 choisis dans le régiment. Aprez eux marchoient les mousquetons du Roy et puis les autres compagnies des gardes, à la teste desquelles estoit M' le duc de Longueville qui commandoit [1] . . . . . brigades de noblesse volontaire menées par M'' le duc d'Haluin, de Lyancour, marquis de Brésé, comte de Saligny, M' le Premier (S' Simon), M' de Vilequier.

Ces troupes estoient soustenues des régimens des Suisses, Stissac et de Navarre, qui s'avançoient à la main gauche, et de celui du comte de Saulx à la main droicte, avec ordre de prendre le hault des montagnes, et passans au de-là des barricades envelopper les ennemis; ce qui réussit fort heureusement [2]. Car le comte de Saulx [3], s'estant faict conduire par des gens du pays, gangna par-dessus le fort de Gelasse et tailla en pièces un régiment d'Italiens, soubz la charge d'Anthoine Belon, Milanois, qui avoit esté mis en garde sur les advenues [4]. Ilz prirent neuf drapeaux [5], qui furent soudain apportez au Roy et cent prisonniers, entre lesquelz il y avoit des capitaines et autres officiers, le reste demeura sur la place ou prit la fuitte.

Le Roy envoya ces neufs drapeaux à Mad° la prin-

---

[1] En blanc dans le manuscrit.
[2] Bassompierre, t. IV, p. 11.
[3] Voy. Richelieu, *Mémoires*, I, p. 608.
[4] Bassompierre, t. IV, p. 14.
[5] Bassompierre, t. IV, p. 14.

cesse de Piedmont¹, sa sœur, qui estant toutte françoise, dit : que personne n'avoit plus gangné qu'elle en ceste deffaicte, puis qu'elle avoit de quoy donner des jartières à toutes les dames de sa cour du tafetas de ces drapeaux Espagnolz.

En mesme temps, le régiment de Navarre, conduit par le Marquis de Tavanes, montant avec grande peyne sur l'autre cousteau, menaceoit d'en hault les ennemis ; lesquelz voyans venir à eux de front le Régiment des Gardes et autres troupes avec une extresme résolution habandonnèrent la première barricade et firent fort peu de résistance à la seconde et à la troisième, qui furent jugées capables ne nous arrester longtemps, et se retirèrent en désordre à Suze, où nos gens les suivirent à la course et, trouvans les portes ouvertes, s'en fussent saisiz à la mesme heure, sy M⁰⁰ de Créquy et de Bassompierre², qui commandoient la poincte de l'attaque, n'avoient estimé à propos de sçavoir sur cela la volonté du Roy, qui, tout plain de justice et de bonté, dit tout hault qu'il valloit mieux esviter les désordres ordinaires d'un saccagement de ville et principallement en ce qui regarde l'honneur des femmes³. Ainsy les troupes de Sa Majesté se logèrent aux portes de Suse, d'où le duc de Savoye fit retirer avant midy tous les gens de guerre qu'il y avoit, ne

---

¹ Bassompierre, t. IV, p. 21.
² Bassompierre, t. IV, p. 12.
³ Bassompierre, t. IV, p. 13 et 15.

croyant pas la pouvoir deffendre, et elle demeura sy délaissée que plusieurs soldatz y entrèrent, dez ce jour, pour y aller prendre des vivres, et quelques'uns, pour se faire penser de leurs blessures.

Le Roy perdit en ce combat 25 ou 30 hommes, entre lesquelz il y eut deux gentilzhommes et deux mousquetaires du Roy. Un des filz de Mʳ de La Mauve, conseiller de la Grande Chambre, ayant eu un bras emporté d'un coup de canon tiré du[1] . . . . . mourut peu de jours aprez. Mʳ le Maréchal de Schomberg, faisant avancer les troupes lors de l'attaque et estant à cheval, à cause de la foiblesse que sa goutte luy avoit laissé aux jambes, receut une mousquetade au-dessus du costé[2], dont la blessure estoit longue de demy pied et entroit 4 doigs avant, mais seullement dans la chair. Il se retira, sans mettre pied à terre. Le Commandeur de Valencé eut une cuisse percée d'une autre mousquetade, mais sans toucher à l'os[3]. Il y eut 18 ou 20 autres blessez. Des gens du duc de Savoye, il en eut prez de 300 de morts et[4] . . . . . de blessez, entre lesquelz le Comte de Verrue, qui commandoit aux barricades; ce fut à la joue, et le Marquis De Villé, très-brave homme et capitaine des gardes de Mʳ de Savoye, eut l'espaule rompue d'un coup de mousquet; ce qui l'empescha de se pouvoir retirer de Suze, où il se fit penser.

[1] En blanc dans le manuscrit.
[2] Bassompierre, t. IV, p. 11.
[3] Bassompierre, t. IV, p. 13.
[4] En blanc dans le manuscrit.

Le duc de Savoye[1] s'estant trouvé proche du régiment de Belon pour le soustenir avec les principaux de sa cour, courut fortune d'estre pris, à ce que les habitans de Suze ont depuis dit aux nostres, et Mʳ le Prince de Piedmont fut poursuivy jusques dans les portes de la ville de Suze, où peu s'en fallut qu'il ne tombast ez mains des gens du Roy.

Le Roy avoit en ce combat 8000 hommes de pied, mais nulle cavallerye, d'autant que les grandes neiges du mont Genèvre l'avoient empesché de passer, et, s'il en eût eu, Mʳ de Savoye eût eu grande peyne à se retirer.

Le soir : il arriva encor 4 régimens, qui restoient à passer de l'avant garde, laquelle fut alors de 12000 hommes de pied et 1000 chevaux, qui arrivoient à toutte heure.

Le corps de la bataille suivoit.

On tient que Mʳ de Savoye entendoit la messe dans Suze, lors que l'atacque commencea, et que, quand on luy vint dire que les nôtres avoient forcé les premières barricades, il respondit : « Ce sont des François qui sont en cholère. Il les fault laisser passer. »

Si le Roy eust différé l'attaque jusques au lendemain, Mʳ de Savoye eût eu 8 ou 10000 hommes pour deffendre le passage; car il luy en venoit quantité ce jour-là. Il avoit encore un régiment de François, commandé

---

[1] Charles-Emmanuel Iᵉʳ le Grand, né à Rivoli le 12 janvier 1562, mort à Savillan le 26 juillet 1630.

par. . . . . . .[1], auquel il tesmoigna se fier fort.

Le Roy envoye sommer le fort de Jaillon[2], qui est au duc de Savoye, à un quart de lieue de Chaumont, à la main gauche, sur le chemin de Suse. Le capitaine respondit qu'il vouloit garder la foy à son maistre, et, 3 heures aprez, il en sortit avec 300 hommes, se sauvant dans les montagnes et laissant le fort entre les mains des paisans, qui l'habandonnèrent aussy le lendemain matin 7e. Le Roy y fit mettre cent hommes en garnison. Ce lieu estant situé sur une fort haulte montagne et de difficile accez, bien flancqué et retranché, pouvoit apparemment tenir long temps, sans la crainte qu'eurent ceux de dedans de ne pouvoir estre secouruz.

Mecredi 7. — La ville de Suse se rend au Roy[3]. Mr le Cardinal y va, pour faire entendre particulièrement les commandements du Roy à Mrs les Maréchaux de Créquy et de Bassompierre. Quelques régimens y entrent avec un extresme ordre.

La citadelle faict trefve.

Le Roy mande à Mr de Savoye par Mr de Senetaire[4] qu'il ne se vouloit point prévaloir du bonheur que Dieu lui avoit donné et qu'il luy accorderoit les mesmes con-

---

[1] En blanc dans le manuscrit.
[2] Bassompierre, t. IV, p. 15.
[3] Voy. *P. Griffet*, t. I, p. 664. — Fontenay-Mareuil, p. 218. — Bassompierre, t. IV, p. 15.
[4] Voy. Richelieu, t. I, p. 610. — Fontenay-Mareuil, p. 218. — Bassompierre, t. IV, p. 15.

ditions qu'il luy avoit offertes par le commandeur de Valencé, avant qu'avoir forcé les passages. Mʳ de Savoye, aprehendant la perte de ses estatz et estonné de la prospérité du Roy, se résoult de faire ce que Sa Majesté vouloit, mais avec tant de répugnance qu'il parut bien que la nécessité seule lui faisoit prendre ce conseil.

Jeudi 8. — Mʳ de Senetaire revient trouver le Roy à Chaumont avec les articles.

Vendredi 9. — Le Roy ayant vu les apostilles et les sentimens de Mʳ de Savoye lui renvoye Mʳ de Senetaire pour luy faire revoir ledict traicté [1].

Samedi 10. — Mʳ de Senetaire rapporte le traicté au Roy.

Dimanche 11. — Mʳ le Cardinal va après disner à Suse, où se trouve le prince de Piedmont, pour terminer touttes choses, et retourne le soir à Chaumont trouver le Roy avec le traité signé et expédié [2]; par lequel Mʳ de Savoye promet de mettre dans Casal, dans 15 mars, 1000 charges de bled et 500 de vin et rapporter le récepissé des assiégez ; que dans ledit jour, les

---

[1] Bassompierre, t. IV, p. 17.
[2] Voy. P. Griffet, t. I, p. 664. — Fontenay-Mareuil, p. 218 et 219. — Bassompierre, t. IV, p. 18. — Le *Mercure français*, t. XV, p. 132, donne les articles du traité.

troupes, qui sont devant Casal et qui occupent le Montferrat, se retireront; que la garnison espagnolle, qui est dans Nice de La Paille, sortira dans ledit jour, et qu'il y entrera deux cens Suisses de l'Estat, de Gennes, avec serment d'en sortir dans un mois, durant lequel son Altesse promet que l'Empereur envoyera à Mr de Mantoue l'investiture des duchez de Mantoue et de Montferrat; que Mr de Savoye délaissera aussy tout ce qu'il a occupé dans le Montferrat, à la réserve de Trin, qui luy demeurera pour ses prétentions et XV^m écus de rente; pour sureté de quoy son Altesse délaissera dans le lendemain, 12 Mars, à Sa Majesté la Citadelle de Suse et le fort Jalasse, dans lesquelz le Roy mettra garnison Suisse du régiment de ses gardes, et sera faict inventaire des munitions de guerre et de bouche qui y sont, pour estre renduz en la mesme nature, lors que toutes les dites conditions auront esté punctuellement exécutées.

Lundi 12. — Le Roy faict marquer son logement à Suse.

Mardi 13. — La citadelle de Suse et fort de Jalasse sont remis entre les mains du Roy, qui met dedans deux compagnies du régiment de ses gardes.

Mecredi 14. — Le Roy va loger à Suse[1].

[1] Bassompierre, t. IV, p. 20.

15ᵉ Mars. — Le Comte de Wilerval, secondé par le Comte de Louvigny, filz de Mʳ de Grandmont, se bat contre le Comte de Sᵗ Amour, Bourguignon, secondé par Sᵗ Loup, auprez l'allée Sᵗᵉ Anne de Notre-Dame du Lac, prez Brusselles. La querelle venoit à cause de Mᵉˡˡᵉ de Ledin, maistresse dudit Comte de Wilerval, laquelle Madᵉ de Baulemont vouloit faire espouser audit comte de Sᵗ Amour. Le Comte de Louvigny ayant de la première estocade blessé Sᵗ Loup à la gorge croyoit qu'il deust tumber; mais ayant repris courage il se précipita sur le Comte de Louvigny et luy porta une estocade au-dessus du tétin droict, dont il mourut demy quart d'heure aprez, s'estant confessé et ayant receu absolution.

Le Comte de Wilerval donna deux grands coups d'espée dans le bras du Comte de Sᵗ Amour et n'en receut qu'un dans le bras droict; mais son second ayant esté tué, il fut contrainct de demander la vye au Comte de Sᵗ Amour. Ilz se retirent dans un mesme carrosse aux Carmélites, où les Comtes de Wilerval et Sᵗ Amour se firent penser, et Sᵗ Loup se sauva. Le Comte de Louvigny estant extrêmement aymé, toutte la cour fut à son enterrement.

Le Comte de Meldebourg fort querelleux ayant baillé un soufflet de gayeté de cœur au bastard du duc de Croy, et Croy ne trouvant personne pour le faire appeller, il fit afficher au coing des rues et des églises de Brusselles qu'il l'attendroit auprez de Sedan; ainsy ilz se battirent, et Croy ayant receu un coup d'espée à travers le corps poursuivit sy courageusement le Comte de Meldebourg qu'il luy donna trois coups d'espée dans le corps et un bras, dont il mourut demye heure aprez.

Vendredi 16. — Le matin, les Espagnolz lèvent le siège de Casal et quictent Pont Estuve [1].

Dimanche 18. — Le convoy de mille charges de bled et cinq cens de vin promis par M. de Savoye entre dans Casal, estant conduict par M. de L'Isle, parent du commandeur de Valencé.

On faict dilligence pour le reste du ravitaillement.

Mercredi 21. — Madame la Princesse de Piedmont [2], grosse de six mois, vient trouver le Roy. Elle estoit dans une litière descouverte, accompagnée du Prince de Piedmont, son mary, qui estoit à cheval.

L'avant garde logée à Boussohin, à 2 lieues de Suse, composée de 1000 chevaux et 10000 hommes de pied, commandée par M^{rs} les Maréchaux de Créquy et de Bassompierre, fut mise en bataille dans une plaine, devant leur quartier.

La compagnie de chevaux légers du Roy et M. Arnauld, avec 2 compagnies de carabins, furent recevoir

---

[1] Bassompierre, t. IV, p. 22.
[2] Christine de France, fille de Henri IV. — Voy. Bassompierre, t. IV, p. 22. — *Mercure français*, t. XV, p. 142.

Madame à 2 lieues de là et l'accompagnèrent tousiours, jusques à ce qu'elle eust visité le Roy.

Une autre relation porte que M' le Maréchal de Bassompierre la fut rencontrer jusques à Villani, où elle le receut avec toutte sorte de civilité et mesmes le voulut bayser ainsi que tous les autres officiers de la couronne.

Le Roy, avec la Bataille commandée par M' le Cardinal de Richelieu et M' le Maréchal de Schomberg et composée de 12000 hommes de pied et 800 chevaux, estoit en une plaine, hors de Suse.

Le Roy alla recevoir Madame à un demy quart de lieue de là avec toutte la cour, excepté M' le Cardinal et M' de Schomberg. Dez qu'ilz se peurent voir, ilz mirent tous deux pied à terre ; Madame se baissa jusques à ses pieds, le Roy faisant tout ce qu'il pouvoit pour la relever. Ilz demeurèrent ainsy longtemps. Enfiu Madame se releva et baisa le Roy, les larmes aux yeux, et le Roy l'embrassa aussy avec de très grands tesmoignages de joye et d'affection : elle luy donna d'extresmes louanges, et le Roy luy dit, entr'autres choses, qu'un des plus grands contentements qu'il pouvoit recevoir au monde estoit de la voir. Ils firent fort grande cérémonie à qui remonteroit le premier. Enfin le Roy fut contrainct de se laisser vraincre et remonta le premier. Le Roi mena le Prince (qui l'avoit désia veu) voir lé reste de son armée. — Madame suivoit. — Le Roy luy parloit souvent, luy monstroit les troupes et les principaux, qui estoient là, la conduisit jusques au château de Suse, où il demeura longtemps avec elle, et ne s'y ennuya point; car elle le sceut fort bien entretenir.

(Une autre relation porte que le Prince de Piedmont vint aussy saluer Sa Majesté et se mit à genoux.)

Mͬ de Guron, qui estoit dans Casal durant le siège, arrive auprez du Roy, avec des députez de la ville envoyez pour remercier Sa Majesté.

ENTRÉE DE Mͬ DE GUISE AVEC L'ARMÉE DU ROY DANS LE COMTÉ DE NICE

10 Mars. — 12 Galaires de Naples, fort bien armées, arrivent au secours de Mͬ de Savoye.

11 Mars. — Mͬ de Guise fait faire le pont pour passer l'armée par-dessus la rivière du Var, à la portée du canon du bord de la mer, en un lieu advantageux pour le deffendre et où la rivière se resserre beaucoup. Les galaires ennemies viennent. On croit que c'estoit pour nous canonner et recognoistre le pont, lequel trouvans presque faict et le canon du Roy arrivé, dont 2 pièces avoient la bouche tournée vers elles, elles se retirèrent sans rien faire.

12 Mars. — Le pont s'achève, et Mͬ de Feuquière, mareschal de camp, ayant recognu et monstré au Maréchal des logis la place du camp, l'avant garde passe, composée des régimens d'Aiguebonne, du comte de

Grignan; du Sʳ de Sᵗ Pol et du Chevallier de La Valette (qui est de 21 compagnies), de 3 compagnies de chevaux légers et des compagnies de gens d'armes et des gardes de Mʳ le Maréchal des Trées. La dite avant-garde, conduicte par Mʳ le Maréchal Des Trées et Mʳ le Marquis d'Ussel, maréchal de camp. Elle se loge dans les cassines proches de la ville de Nice, sans trouver aucune résistance, et mesmes les ennemis quictèrent un retranchement, qu'ilz avoient faict sur le bord de la mer.

13 Mars. — Mʳ de Feuquière va voir Mʳ le Maréchal Des Trées à son advant garde, et arrivant veid paroistre les galaires hors le port de Villefranche venans vers nous; sur quoy il représenta à Mʳ le Maréchal qu'il ne s'estoit pas logé, comme il avoit ordonné; que les ennemis, voyans l'armée logée sur le bord de la mer, venoient sans doubte nous canonner. Comme ilz estoient sur ce propos, elles commencèrent une salve de canonnades, qui dura deux heures, la plus furieuse du monde. Tout ce qu'on peut faire fut de faire monter nos gens plus hault sur la montagne, hors de la portée du canon; mais il en fut tué avant cela 25 ou 30, les ennemis tirans à la portée du pistollet et ayans en suitte faict aprocher leurs galaires tout contre terre, pour faire une descharge de mousquetades. On envoya à eux cent mousquetaires sur le bord, qui les contraignirent de se retirer.

Sur le midy, Mʳ de Guise, accompagné de Mʳ de Feuquière, faict passer l'artillerye et les bagages, et, comme ilz commenceoient à faire filer les régimens, les galaires viennent pour canonner au pont, où elles tirent environ 60 coups de canon, qui ne tuèrent qu'un soldat et 2 goujatz. — Il se lève un vent, qui les contrainct de se retirer.

Après passent la Bataille et l'arrière garde, tout en un corps, qui consiste en six régimens de Montrison, d'Auriac, Marq. de Janson, Galescan, Bervox et La Tour ; — 5 compagnies de chevaux légers ; — les gens d'armes et gardes de Mʳ de Guise, 4 pièces de canon, leurs officiers et munitions ; se vont loger à la poste, que l'avant garde avoit quictée le matin, mais hors la portée du canon ; et l'avant garde, prenant un tour de 3 lieues, va loger de l'autre costé de Nice.

14 Mars. — Mʳ de Guise, avec la Bataille et arrière garde, va loger à une lieue, d'où il estoit party — aprend que l'avant garde estoit logée sur le bord de la rivière, qui passe à Nice, et s'escarmouchoit fort avec les ennemis logez de l'autre costé, en un lieu fort advantageux, nommé Roquetaillade, par où il fault nécessairement passer.

15 Mars. — Mʳ de Guise s'advance de bon matin, avec l'artillerye, vers un village nommé Aspremont, assez bon d'assiette. Le gouverneur, qui porte le mesme nom, voyant aprocher l'armée et le canon, rend la place à Mr de Guise ; elle est mise entre les mains de Mr de Feuquière, qui y met garnison. Il y avoit force vin, et on en tire quelques autres vivres.

16 Mars. — Mr de Guise séjourne, ayant trouvé sy difficile pour le canon qu'on ne le peut faire advancer 50 pas.

17 Mars. — Sur les nouvelles que l'avant garde s'escarmouchoit fort et que le canon luy seroit fort nécessaire, Mr de Feuquière employe toutes les inventions du monde pour le faire advancer, et, ayant tenu conseil avec les officiers de l'artillerye, il fut résolu, vu l'impossibilité manifeste, de le faire venir la nuict.

Sur le poinct de ceste résolution, arrive le courrier du Roy, qui apporte les nouvelles de la paix.

18 Mars. — Mr de Guise fait advancer son corps de bataille prez l'avant garde.

Les galaires de Naples s'en retournent.

Mr de Feuquière va dans Nice voir Dom Félix, gouverneur, bastard du duc de Savoye, et luy faire signer quelques articles.

On renvoye les canons à Antibes.

19 Mars. — Mr de Guise séjourne.

Mrs de Nice donnent des départements pour loger l'armée.

L'avant garde, aprez que les ennemis eurent quicté leur retranchement, s'advance deux grandes lieues dans la montagne, sur le chemin de Casal.

20 Mars. — Mr de Guise estant à la messe aux Capucins, à demye lieue de Nice, Dom Félix le vient trouver. Mr de Guise faict filer les troupes et les faict loger sur le bord de la rivière, qui passe à Nice, et loge à Contes.

23 Mars. — Mr de Guise séjourne à Contes; il arrive un courrier, pour lever des vivres pour mener à Casal, qui luy porte ordre du Roy de demeurer où il se trouveroit, jusques à un nouveau commandement.

25 Mars. — Mr de Guise dépesche le S^r d'Orfeul au Roy, pour avoir ses ordres.

27 Mars. — Mr de Guise retourne à son logement prez de Nice, attendant le retour du S^r d'Orfeuil.

29 Mars. — Le S^r d'Orfeuil apporte commandement du Roy à Mr de Guise de faire passer l'armée à Casal, pour y joindre celle de Sa Majesté, qui y debvoit estre le 6 avril. Sur quoi il envoye Mr de Feuquière à Antibes amasser des vivres pour nourrir l'armée. Au commencement d'Avril, cest ordre fut révoqué, et commandement faict par le Roy à Mr de Guise de sortir son armée des estatz de Mʳ de Savoye, pour l'envoyer en Languedoc soubs la conduite du Maréchal Des Trées.

Vendredi 23. — Abolition de Mʳ de Vendosme enthérinée au Parlement¹, les Chambres assemblées, nonobstant la difficulté que quelques'uns faisoient, voulans que luy-mesme en fust le porteur suivant les formes. Il ne se parle point de liberté en tout cela.

Mecredi 28. — *Te Deum* chanté à Notre Dame pour la paix d'Italye. Les Reynes y estoient et le Parlement en robbe rouge.

AVRIL

Dimanche 1. — Les Espagnolz s'estans entièrement retirez de Montferrat, le Roy y envoye Mʳ de Thoirax, avec 4 régimens, sçavoir². .   . et 6 compagnies de chevaux légers, sçavoir ². . . . . ., pour prendre les postes, qu'ilz y avoient quictez³.

Jeudi 5. — Mʳ de Savoye vient trouver le Roy⁴. Mʳˢ les Maréchaux de Créquy et de Bassompierre le vont recevoir au-delà de Boussolin, d'où le duc vient à

---

¹ *Mercure français*, t. XX, p. 152, qui donne tous les détails de cette affaire.
² En blanc dans le manuscrit.
³ Fontenay-Mareuil, p. 223. — Bassompierre, t. IV, p. 24.
  Fontenay-Mareuil, p. 220. — Bassompierre, t. IV, p. 25.

cheval. Le Roy va au-devant de luy, à une lieue de Suse. De 200 pas, le duc met pied à terre et vient à pied, le chappeau à la main. Le Roy, de 10 pas, mit pied à terre et s'advança 8 ou 10 pas. Le Duc le salua, le genouil à terre, et fit ainsy son compliment, dont la substance estoit, que, s'il n'avoit eu l'honneur de venir des premiers rendre son debvoir à Sa Majesté, il n'avoit pas tenu à le désirer. Le Roy et le Duc remontent à cheval. M^r le Cardinal de Richelieu rencontre le Duc en chemin et luy fit ainsy son compliment, sans que ny l'un ny l'autre mist pied à terre. A 5 heures, ilz arrivent au logis du Roy, qui, estant dans sa chambre, entretint le duc demye heure de propos communs, et, s'estant tourné comme pour parler à quelqu'un, le Duc entra dans le cabinet de Sa Majesté, où il trouva M^r le Cardinal qu'il entretint demye heure.

Aprez cela, il prit congé du Roy, auquel ayant esté dit en mesme temps que Mad^e la Princesse de Piedmont, il descendit, comme pour aller au-devant d'elle, et, aprez l'avoir rencontrée, le Duc prit encor congé de Sa Majesté, qui accompagna, avec laquelle estoit le Prince de Piedmont, son mary, jusques à son logis. Ilz firent venir avec eux tous leurs officiers, musique, violons, etc., et le Roy visita souvent Madame durant ce séjour, prenant fort grand plaisir à son entretien.

Le Marquis De Portes sert de Maréchal de camp en l'armée du Roy, au lieu de Mr de Thoirax.

On continue d'apporter touttes sortes de soings du costé de Provence et de Piedmont, pour ravitailler Cazal et les places du Montferrat.

Environ 10. — Le Procureur Soranzo, ambassadeur extraordinaire de la République de Venise, vient trouver le Roy à Suse [1].

Le Marquis de Cavozzo, gouverneur du Montferrat, et le Grand Chancelier de cet estat y viennent aussy [1].

Vendredi 13. — Mr le Maréchal de Schomberg part de Suse, va à Septene, près Vienne, où rassemble troupes du Languedoc, sçavoir [2] :

Régiments de Picardie, 20 compagnies;
Normandie, 20 compagnies;
Falxbourg, 20 compagnies;
Lestranges, Hannibal, Pérault, Anonay, Montréal, Logères chacun, 10 Cies, faisans en tout, sans les officiers, 8900 h.; et 15 compagnies de chevaux légers, faisans 830 m{es}.

Samedi 14. — Le Roy envoye à Mr d'Esfiat une commission, pour faire la charge de Grand maître de l'artillerye [3].

---

[1] Fontenay-Mareuil, p. 222. — Bassompierre, t. IV, p. 26.
[2] Bassompierre, t. IV, p. 26.
[3] Bassompierre, t. IV, p. 26.

Mardi 17. — L'archevesque de Pise, Julien de Médicis, ambassadeur extraordinaire de Florence, vient trouver le Roy à Suse.

Le Marquis de Striggio, principal ministre de Mʳ de Mantoue, y vient aussy, avec pouvoir de son maître d'arrester, signer et conclure tout ce qui sera de l'intention de Sa Majesté sur ses inthérestz, Mʳ de Mantoue, qui vouloit venir, ne le pouvant pas, à cause que Dom¹ . . . . avoit faict difficulté de luy donner dans ses passeportz le tiltre de Duc de Mantoue et luy avoit donné seullement celluy du duc Charles.

Augustin Palavicino, ambassadeur extraordinaire de la République de Gennes, vient aussy trouver le Roy².

Samedi 28. — Le Roy part de Suse³ avec sa garde à cheval, seullement pour venir à Valence, où il arriva le 7 May, laissant Mʳ le Cardinal à Suse avec toute l'armée et un pouvoir de son lieutenant général de delà les monts, le plus ample qui se soit jamais veu.

Madame la Princesse de Piedmont, qui retourna le jour mesme à Thurin, tesmoigna grande douleur de quicter le Roy.

Mʳ *le Maréchal Des Trées* passe de Provence en Languedoc, avec 600 hommes de pied, 10 compagnies

---

[1] En blanc dans le manuscrit.
[2] Fontenay-Mareuil, p. 222. — Bassompierre, t. IV, p. 33.
[3] Voy. P. *Griffet*, t. I, p. 668. — Fontenay-Mareuil, p. 225. — Bassompierre, t. IV, p. 34.

de chevaux légers, sa compagnie de gendarmes et ses gardes. Le Roy lui mande de luy renvoyer le Marq. d'Ussel, avec 8 compagnies de cavallerye, tellement qu'il demeura avec le reste et Mr de Feuquière seul maréchal de camp. Il passe sur un pont de batteaux le bras du Rhosne, qui faict la Camargue, et va loger à St Gilles, le Dimanche 29e, à 2 lieues de Nismes.

Sur la fin d'avril ou au comancement de May, M^r le Prince tient les Estatz de Bretagne, faict accorder au Roy VIIe m. livres, et à la Reyne mère, pour don qu'elle avoit, IIe m. livres, et trouve moyen de soulager le pays, se met en possession de LXX m. livres de rente en fonds de terre du bien de Mr de Rohan, tire de tout ce dont il peult faire argent.

MAI

Mardi 1er.

Mecredi 2. — M^r d'Herbault, secrétaire d'estat, meurt à Suse, au bout de 5 jours de sa maladie [1].

Jeudi 3. — M^r le Cardinal va disner à Boussolin, où M^r le Prince de Piedmont se trouve [2]. Ilz furent 3 ou 4 heures ensemble et résolurent toutes choses.

---

[1] Bassompierre, t. IV, p. 34.
[2] Bassompierre, t. IV, p. 36.

Declaracion de Sa Majestad Catholica sobre las cosas de Italia.

Don Felipe, por la gracia, de Deos, etc. . . . Sia notorio a todos que, por mayor beneficio de la Christiandad y quiètud de Italia, que yo hé . . . y procurado siempre, declaro que no mandaré . . . agora ni adelante cosa che puido impedir al Duquo de Nevers la possession de los Ducados de Mantua y Monferrato ni acometre in nenguno manera los estados del Rey Christianissimo ni de los Principes sos confederados, haziendo es dicho Rey ona.

Déclaration y de retirar su ginte del Montferrato, Susa, Piamonte y Italia; loqual prometo y asseguro sobre me fe y palabra Real de complir, guardar y tener por firme y valide . . . en toto tempo y asso he mandado . . . . . firmada de mi real mano y sellada con el sello secreto y . . . de Don . . . de Villela del mi consejo de Estado y secretario.

Dada in Madrid, o3 de Mayo, 1629

Yo el Rey. Don DE VILLELA.

Vendredi 4. — Madame la douairière de Longueville et la Princesse Marie sortent du bois de Vincennes[1].

---

[1] Bassompierre, t. IV, p. 38.

Dimanche 7. — Le Roy arrive à Valence [1].

Ceux de Privas prirent, le jour mesme, deux batteaux sur le Rhosne.

Ce mesme jour, le Prince d'Orange assiège Bois-le-duc.

Jeudi 10. — Mrs de Guise et de Montmorency arrivent auprez du Roy.

Mr le Maréchal Des Trées, ayant pour maréchal de camp Mr de Feuquière, faict lever à Mr de Rohan le siège du chasteau de Couronne, et, le samedi 12, le deffaict entièrement. Vid. Relation imprimée.

Vendredi 11. — Mr le Cardinal part de Suse [2] avec l'infanterye pour aller à Valence trouver le Roy, la cavallerye tirant vers Avignon pour aller, à ce qu'on disoit, faire le dégast de Nismes. Il laisse Mr le Maréchal de Créquy à Suse avec 6 régimens : Navarre, Sault, Stissac, Vaubecour, Pompadour et La Bergerye, sa compagnie de chevaulx légers, 2 de carabins et ses gardes, affin d'attendre récolte pour ravitailler parfaictement Cazal.

Dimanche 13. — Le Roy voulant attaquer *Privas* [3], Mr le Maréchal de Schomberg part de Valence, avec

---

[1] Richelieu, t. II, p. 14. — Rohan, p. 591.
[2] Fontenay-Mareuil, p. 225. — Bassompierre, t. IV, p. 37.
[3] *Mémoires Rohan*, p. 596.

l'armée où estoient Mʳ D'Esfiat, comme Grand Maître de l'artillerie par commission, Mʳ de Biron, maréchal de camp, Mʳ le Comte de Harcour, Mʳ d'Halluin et noblesse volontaire, va coucher à Vau sur-Bois.

Le lendemain 14, il va par Chaumeyrac et Al. . . . . jusques à mille pas de Privas (en mesme temps Mʳ de Montmorency estoit party du Pousin pour se rendre à Coux); 5 ou 6 des ennemis qui se promenoient devant le bastion de Grand Champ ayans tiré quelques mousquetades, Mʳ de Schomberg, suivant l'ordre qu'il en avoit du Roy, commanda qu'on se retirast. S'il ne fust arrivé ce jour-là, les ennemis alloient brusler tous les logemens qui ont servy à l'armée, estans sortis pour cela; mais ils laschèrent le pied devant les troupes du Roy, et pour ce subject il ne fut besoing de deux pièces que Mʳ d'Esfiat faisoit advancer.

Le mardy 15, le Roy vient au camp, ordonne des logements des troupes. Les aproches se commencent. — Le Baron de Neufchelles y est tué; Mivane capitaine au régiment de Falxbourg et le Baron de Mondisle blessez de chacun une mousquetade. Bonneuil, lieutenant au régiment de Chappes, s'estant advancé à descouvert pour passer entre la poste de Normandie et celle des gardes, fut légèrement blessé de 2 mousquetades de 7 à 8 qui portèrent sur luy.

Le matin du mesme jour, *Mʳ le Marq. d'Ussel*[1],

---

[1] Richelieu, t. II, p. 14. — *Mercure français*, t. XV, p. 489.

maréchal de camp, allant recognoistre, du costé de Coux, fut blessé d'une mousquetade à l'espaulle, dont il mourut le lundy 21.

Le 17, le Roy vint loger dans son camp.

Le 18, on visita les lieux, par où on pouvoit faire passer le canon, qui sont de très difficile accez; et, la nuict, les assiégez sonnèrent la cloche et firent des feuz pour servir de signal à quelques cavalliers, qui debvoient venir des montagnes du costé de Bejuelez.

Le 19, à 2 heures avant jour, quelques banditz attaquèrent un petit logis proche de la montagne, où estoient 2 portemanteaux du Roy, qui s'enfuirent, *La Jauchat*, cy-devant capitaine au régiment de Champagne qui fut tué et de *De Siguti*, qui durant une heure et demy se deffendit sy courageusement dans la chambre qu'il donna temps à Mr de La Ferté secretaire et 4 ou 5 autres de venir du logis de Mr le Comte de Soissons le secourir et prirent 5 ou 6 chevaux desdits banditz, qui se sauvèrent à pied par la montagne.

Ce jour, Mr le Cardinal arrive au camp et Mrs de Bassompierre et Marq. de Portes avec luy.

A minuict, Mr de Schomberg fit ouvrir la tranchée du costé des gardes. Les ennemis ne blessèrent personne et tirèrent fort peu.

Le Dimanche 20, Mr le Cardinal visite le camp et les tranchées [1].

---

[1] Bassompierre, t. IV, p. 39.

Le lundi 21, Mr le Cardinal, Mrs de Schomberg, de Bassompierre et d'Esfiat vont à une batterye, pour commencer à faire jouer le canon, où un coup de fauconneau des ennemis donna assez prez de Mr le Cardinal.

La nuict d'entre le 22 et le 23, Mr de Marsillac, capitaine au régiment des gardes, est tué et sa charge donnée à Mr de Comminges, lieutenant colonel du régiment de Champagne ; et Mr Despagne, neveu et lieutenant de Mr de Mansan, capitaine au régiment des gardes, est aussy tué.

Le [1]. . . . ., *le Marq. De Portes*, maréchal de camp, allant recognoistre, est tué de 2 mousquetades par la teste [2].

Les nuictz d'entre le 26 et le 27 et le 28, on faict deux furieuses attaques et on emporte demye lune. Tuez : le C. de Ferrière (frère de la connestable de Lesdiguières, et son frère Talange, capitaine au régiment de Normandie [1] — . . . . ., lieutenant de Mr de Canillac, capitaine de chevaux légers — Potet et plusieurs capitaines et autres officiers des Régimens de Picardie, Champagne et Normandie. Blessez, dont moururent incontinent aprez : le Baron de Valence. — Fontenay, coup d'espée. Légèrement blessez : Comte de Lannoy, Manicamp, Esguilly jeune, Coutenan. — La Ferté Senetaire, mousquetade à travers les maschoieres — Chevalier de Senetaire.

Le Roy perd en ce siège 7 ou 800 hommes.

---

[1] En blanc dans le manuscrit.
[2] Fontenay-Mareuil, p. 227. — Bassompierre, t. IV, p. 42.

Ladite nuict d'entre les 27 et 28, les assiégez, estonnez d'estre si brusquement attaquez, habandonnèrent la ville et se retirèrent 5 ou 600 hommes dans le fort de Toulon, qui n'en est qu'à une portée de mousquet [1].

S‍t André Montbrun, qui avoit commandé dans Privas et soustenu le siège, vient trouver M‍r de Gordes, pour obtenir par son moyen pardon du Roy. Sa Majesté ne le voulut voir ny quelques autres des principaux chefz, qu'elle envoya avec luy prisonniers à Valence.

On m'a mandé que S‍t André ayant esté envoyé à Valence avec 9 de ses capitaines, il y en avoit deux qui avoient eu la teste tranchée.

Un soldat de ceux de Privas donne adviz que la ville estoit habandonnée [2]. Sur sa parolle, on y envoye 500 hommes de pied soustenuz, et il se trouve vray.

On prend 30 ou 40 de ceux qui se sauvoient de Privas par les montagnes et on les pend tous à l'heure. Tout ce qui se trouva de reste dans la place fut mis au fil de l'espée et la ville pillée et toute bruslée.

Le 28, ceux qui estoient dans le fort de Toulon se rendent à discrétion [3]. Le Roy avoit résolu d'en faire pendre une partye, en envoyer une autre aux gallaires et pardonner aux moins coupables. Mais un nommé Chamblan de Privas, qui s'estoit opposé, tant qu'il avoit peu, à se rendre à discrétion, tenant une mèche à

---

[1] Bassompierre, t. IV, p. 43. — *Mercure français*, t. XV, p. 479.
[2] P. Griffet, t. I, p. 668. — Richelieu, t. II, p. 15. — Bassompierre, t. IV, p. 44.
[3] Fontenay-Mareuil, p. 226. — Rohan, p. 597.

la main, dit tout hault : « D'ordinaire, quand on se rend à discrétion, on est pendu. Il vault mieux périr par le feu que par la corde. Je veux mettre le feu aux poudres », et le fit en mesme temps. Le feu en brusla quelques'uns, et quelques'autres d'effroy se jettèrent, du bastion sur lequel ilz estoient, hors du fort, lequel estoit environné de toutte l'armée du Roy, qui l'avoit bloqué, avant qu'ilz se rendissent. Lors tous les gens de guerre, croyans qu'ilz eussent faict sauter les compagnies des gardes, qui estoient désia entrées dans le fort et estoient dans un donjon au-dessus dusdit bastion, s'acharnèrent sur eux de telle sorte qu'ilz entrèrent plus de 200 avec tant de fureur que plusieurs de l'armée du Roy y furent tuez.

En suitte de la prise de Privas, La Bastide, Vagnac, La Tour de Salvas [1] et Les Baulmes, petites places toutes fortifiées, se rendent. Burgerac, Chabrille, et les Châteaux des Boutures et les Baulmes se debvoient aussy rendre et de faict se sont renduz, comme aussy ceux de la Gorce, Vallan, Bariac et S* Ambroix, et Chabrilhé, frère de feu Brison, homme de grande créance dans le parti Huguenot, estant venu trouver le Roy, servit à faire que ces places se remissent en leur debvoir. Sy S* André l'eust creu, il s'en feut mieux trouvé.

(Extraict de la Relation imprimée qui semble n'estre mauvaise.)

[1] Voy. *P. Griffet*, t. I, p. 671. — Richelieu, t. II, p. 16. — Bassompierre, t. IV, p. 45.

Les Boutières, qui contenoient plus de 200 châteaux ou petites places fortifiées, se sont remis dans l'obéissance, et plus de 6000 habitans de ces lieux plains de baumes et cavernes inacessibles ont mis leur armée entre les mains des commissaires de Sa Majesté.

Cela faict, l'armée du Roy s'avanceant, La Gorce, qui n'a qu'une teste fortifiée, deux bastions, deux demies lunes et une corne, s'est rendue.

Valon proche de là et qui n'est pas sy bon a faict de mesme, comme aussi la Bastide et ses baumes, Vagnau, Le Pontdarin, La Tour de Salvas, qui tient un passage sur la rivière d'Ardèche, Lesvar, Bergeac, ville, où on avoit commencé une très grande fortification et S' Ambroix [1], qui estoit quasy aussi bon que Privas.

Allet, qui n'est qu'à deux lieues de S' Ambroix, vouloit faire de mesme [2]. Vid. Infra.

Le 20 May la paix d'Angleterre fut publiée à Paris [3].

JUING

Vendredi 1er.

Samedi 2. — Veille de la Pentecoste. Le Roy faict à Privas *Monsieur de Marillac Mareschal de France* [4].

---

[1] Bassompierre, t. IV, p. 45.
[2] Voy. *P. Griffet*, I, p. 671. — Bassompierre, t. IV, p. 50.
[3] Fontenay-Mareuil, p. 226. — Rohan, p. 597. Le *Mercure français*, XV, p. 463, donne les articles du traité.
[4] Richelieu, t. II, p. 16. — Richelieu donne la lettre que Marillac lui

Lundi 4. — Le Roy part de Privas, va à Viviers.

Allet[1] (qui n'est qu'à deux lieues de S¹ Ambroix, lequel s'estoit rendu le. . . Juin. Vid. supra), se voulant rendre aussy, fut persuadé à soustenir le siège par M⁺ de Rohan, qui y jetta force gens de guerre. Ainsy le Roy l'assiège. — M⁺ le Maréchal de Marillac[2] y est blessé le 13ᵉ juin d'une arquebusade au bras non périlleuse. — 300 hommes viennent pour y entrer; repoussez; 4 pris et penduz sur le champ.

Le 17, avant que le canon eût tiré, *Allez se rend. Capitulation*[3].

Le Roy pardonne aux gens de guerre tant de cheval que de pied et aux habitans de la ville d'Alletz, soit ministres ou autres, sur le repentir qu'ilz tesmoignent avoir de leur rébellion, et accorde aux uns et aux autres la conservation de leurs vyes et de leurs biens, nonobstant toutes confiscations, représailles et tous dons qui en pourroient avoir esté faictz, et permet ausdits habitans de faire revenir leurs femmes et enfans des lieux où ilz les ont retirez et réfugiez. Sa Majesté accorde ausdits habitans faisans profession de la Relli-

---

écrivit pour demander la charge. — Voy. Fontenay-Mareuil, p. 227. — Bassompierre, t. IV, p. 46. — Le *Mercure français*, t. XV, p. 487, donne les lettres patentes.

[1] Richelieu, t. II, p. 17, Siège d'Alais. — Rohan, p. 597. — *Mercure français*, t. XV, p. 492.

[2] Bassompierre, t. IV, p. 50. — Louis, fils de Guillaume de Marillac et de sa deuxième femme, Geneviève de Boislevêque, né en 1573, mort en Grèce le 8 mai 1632.

[3] Voy. Fontenay-Mareuil, p. 227.

gion prétendue reformée en ladite ville d'Alletz le libre exercice d'icelle, au lieu où ilz ont accoustume, pourveu que ce ne soit point l'ancienne église, et la conservation de leurs charges, en se maintenans dores en avant comme bons et fidelles subjectz doibvent faire; Comme aussy Sa Majesté leur remet et pardonne les crimes par eux commis en faisans fondre des canons et bouletz et faisans faire et battre de la poudre à canon et autres actes d'hostilité par eux faictz. Permet Sadite Majesté ausdits gens de guerre tant de cheval que de pied de sortir dudit bien d'Alletz avec armes et bagage, mesche esteinte, enseignes ployées et sans battre tambour; veut qu'ilz soient conduitz avec escorte en lieu de seureté, promettans tous de ne plus porter les armes contre Sa Majesté ny contre son service.

Le 18, le Roy entre à Alletz. La plus grande partye des soldatz sortiz d'Alletz se met dans l'armée du Roy.

Dimanche 17. — Mʳ de Laurillière, secrétaire d'Estat au lieu de Mʳ d'Erbault, son père; mais laisse les estrangers à Mʳ Boutillier, qui prend aussy la marine et Normandie et Bretagne du département de Mʳ d'Ocquerre, et tout le reste des provinces des départements de Mʳˢ d'Ocquerre et d'Herbault demeure à Mʳ de Laurillière.

Mʳ le *Maréchal Des Trés* estant à une demie lieue de Nismes, sur le bord du Vistre, avec 7 régimens et

26 ou 27 cornettes de cavallerye commence le 7 juin le *Dégast de Nismes* [1], ayant donné charge de l'exécution à Mʳ *de Feuquière*, seul maréchal de camp en ceste armée.

Ledit jour 7ᵉ juin, Mʳ de Feuquière, ayant passé le Vistre et poussé l'avant-garde jusques à la portée du canon de la ville, les ennemis le vinrent recevoir jusques sur le bord de l'eau, et là se commencea une furieuse escarmouche, où ceux du Roy eurent bon nombre de blessez et peu de tuez, entre lesquelz fut un chevallier de Malte, capitaine au régiment du chevallier de La Valette. Aprez que les faucheurs furent las de travailler, Mʳ de Feuquière commanda la retraicte, et lors les ennemis s'estans advancez, la compagnie de Mʳ Arnauld s'avancea aussy vers eux en très bon ordre et à toute bride, mais se trouvant arrestée par un fossé au bout des picques des ennemis, elle fut contraincte de faire caracolle et sy heureusement que d'une grande descharge que les ennemis firent sur elle, elle n'eut que 3 chevaux blessez.

Le lendemain 8ᵉ Mʳ de Feuquière, dez au sortir du quartier, trouvant les ennemis qui s'escarmouchaient fort bien, et, aprez les avoir poussez jusques assez prez de la ville, cherchant le moyen de faire jouer sa cavallerye, il fit semblant de leur vouloir donner la charge et fit faire ferme sy soudain qu'ilz jugèrent que les

---

[1] Voy. Richelieu, t. II, p. 23. — Fontenay-Mareuil, p. 227. — Rohan, p. 597. — *Mercure français*, t. XV, p. 490.

nostres avoient eu peur et s'advancèrent, sur quoy M⁻ de Feuquière ayant commandé à un ploton d'infanterye, qui estoit fort advancé sur la main gauche, de faire semblant de lascher le pied, les ennemis s'advancèrent fort, et lors M⁻ de Feuquière, ayant bien pris son temps, commanda à M⁻ Arnauld de donner avec sa compagnie; ce qu'il fit sy brusquement accompagné de 7 ou 8 gentilzhommes volontaires, entre lesquelz estoit M⁻ de La Borderye, qu'ayant couppé chemin aux ennemis du costé de la ville, ilz en tuèrent à coups d'espée en moins d'un quart d'heure plus de deux cents sur la place et en prirent de prisonniers; ce qui estonna fort la ville, à cause que c'estoient tous bourgeois et des principaux, et depuis ilz n'ont plus esté sy hardiz. Du costé du Roy, il n'y eut de tué que M⁻ de La Berthe (gentilhomme du Maréchal Des Trées, qui se battit au dernier combat de M⁻ de Bouteville) d'une mousquetade soubz le genouil; et personne de blessé. Le cheval d'un des carabins eut deux coups de picque.

Ce dégast a été tel que le 17 Juing, 12 jours durant, 5 à 600 hommes avec faux avoient travaillé 12 heures par jour, et M⁻ de Feuquière servit en cela excellemment bien.

Le 22, va jusques aux portes de Nismes dans une plaine de demie lieue, où il ne resta pas un espic, et tout le dégast faict autour de ceste ville est estimé II⁻ m. livres.

23. — Déclaration du Roy au camp d'Alletz pour restablissement du commerce avec Angloix [1].

Le 10 juin, le Marquis de Boisy se bat contre Plassac cadet d'Ambleville, 4 contre 4. (Querelle à cause de du . . . . .) à [2] . . . . .

Le Marquis de Boisy tué. Plassac a esté blessé d'un coup d'espée dans l'espaulle par derrière, on ne sçait par qui, Pontbreton, qui estoit un des seconds de Plassac tue Fleury. Le Comte de Rabat estoit un des seconds de [3] . . . . .

Le Comte de Presque, qu'ilz avoient rencontré sans espée, fit inutilement tout ce qu'il peut pour les séparer. La querelle se prit aux Thuilleries. Ilz s'en allèrent en mesme carrosse. Ilz revindrent en mesme carrosse et mirent les mortz dedans.

Ilz se retirèrent chez Mr d'Elbeuf.

Le Roy en grande cholère. — Information.

27. — Articles de la grâce accordée par le Roy aux rebelles de la religion prétendue réformée [4].

Le Roy donne à *Mr de Rohan* sçavoir : IIe m. livres de reste de paix de Montpellier ;

IIIe m. livres, à cause de ses maisons rasées, meubles pris par Mr le Prince, etc., et IIIe m. livres, pour ses

---

[1] Richelieu, t. II, p. 23.
[2] En blanc dans le manuscrit.
[3] Inachevé dans le manuscrit.
[4] Richelieu, t. II, p. 23. — Fontenay-Mareuil, p. 227. — Rohan, p. 597. — *Mercure français*, t. XV, p. 501.

pensions depuis les mouvements, dont on luy baille CL^m livres comptant et le reste en bonnes assignations.

Le Roy ny M^r le Cardinal ne le voyent, et M^r le Marquis De La Valette, avec compagnies de chevaux légers de Monseigneur et celles des carabins de Mr Arnauld le conduict jusques à Thoulon, où s'embarque avec luy pour le mener jusques à Venise[1], à desseing d'espouser sa fille.

Mr de Rohan avoit XXV^m écus que luy bailloient les églises pour son entretenement et XXV^m écus qu'il prenoit sur biens des Ecclésiastiques, avoit touttes les semaines nouvelles d'Espagne, Angleterre, Savoye, Venise, Hollande et fort souvent de l'Empereur et autres princes; dit que, pour avoir voulu tenir sa parolle au Roy d'Angleterre, il a faict mourir XX m. âmes à La Rochelle et que le Roy d'Angleterre ne luy a tenu la sienne, lui mandant tousiours de tenir bon, qu'il feroit descente en Normandie, etc.; et puis luy ayant mandé tout d'un coup que pour considérations importantes il avoit faict paix et qu'il fist la sienne.

JUILLET

Dimanche 1er. — M^r le Comte de Soissons malade à Sommerive à l'extrémité[2]. Le Roy en tesmoigne très grand desplaisir, luy envoye Mr Bouvart, son 1 méde-

---

[1] Richelieu, t. II, p. 26.
[2] Bassompierre, t. IV, p. 54. — *Mercure français*, t. XV, p. 533.

cin, qui le faict saigner XI fois et après Dieu le guérit.

Mad° la Comtesse et Mad° la Duchesse de Longueville y vont en carrosses de relais.

Lundi 2. — *Mr de Châteauneuf*, ambassadeur extraordinaire pour le Roy, s'embarque à Callais dans grande ramberge, pour passer en Angleterre.

Jeudi 5. — Nismes, qui avoit faict le difficile touchant la paix ne voulant estre compris au traicté de Mr de Rohan, envoyent députez au Roy et le lendemain, publient la paix [1].

Dimanche 8. — Le Roy va à Beaucaire, et Usez et Nismes l'ayans envoyé supplier de leur faire l'honneur d'y aller, Sa Majesté y fut, premièrement à Usez, puis à Nismes, où entra le 14 [2], et fut receu en ses deux villes avec d'extresmes tesmoignages d'allégresse et de tristesse quand elle en partit, ayans mesmes commencé à abattre en sa présence les plus beaux bastions.

Mardi 31. — De là le Roy revient à Paris [3], à ses journées et campant par tout, à cause de la peste, arrive à Luxembourg à Paris le Mardy, 31 Juillet, faict mille caresses aux Reynes, disne avec elles et emmène avec luy la Reyne, sa femme à Versailles.

---

[1] Richelieu, t. II, p. 25. — Bassompierre, t. IV, p. 52.
[2] Richelieu, t. II, p. 25. — Bassompierre, t. IV, p. 53.
[3] Bassompierre, t. IV, p. 54.

Mʳ le Cardinal ayant esté laissé par le Roy en Languedoc avec la pluspart de l'armée et pouvoir de lieutenant-général pour la commander, à cause que Montauban n'estoit encore dans l'obéissance sur mécontentement qu'ilz avoient receu de Mʳ le Prince et de Mʳ d'Espernon [1]. Il s'avance à Pesenas où eut 5 accez de fièfvre tierce, et là Mʳ le Prince le vint visiter avec complimens non pareilz.

Mʳ le Cardinal envoye et renvoye Mʳ de Guron à Montauban, et accompagné de Mʳˢ de Montmorency, Bassompierre, Marillac et d'Esfiat (Mʳ de Schomberg estant allé aux eaux à Bourbon) s'avance vers Montauban.

AOUST

Mecredi 1ᵉʳ. — Mʳ le Cardinal va à Montauban [2]. Mʳ de Bassompierre y entre devant, avec IIᵐ hommes; ilz veulent luy bailler daiz; il le refuse. — Dispute entre Mʳ de Bassompierre et Mʳ de Montmorency touchant le rang, Mʳ de Bassompierre prétendant que Mʳ de Montmorency ne debvoit marcher avec luy, puis que c'estoit une entrée en armes. Enfin on marcha ainsy :

Mʳˢ de Bassompierre et d'Esfiat ensemble;

Mʳ le Cardinal seul;

---

[1] Bassompierre, t. IV, p. 57. — *Mercure français*, t. XV, p. 553.
[2] Richelieu, t. II, p. 29. — Fontenay-Mareuil, p. 227.

Mrs de Montmorency et de Marillac, le Maréchal.

Les gens de guerre n'entrèrent en aucune maison et couchèrent dans les rues, où M^r le Cardinal les faisoit fournir de vivres.

Cest ordre fit un effect merveilleux dans l'esprit de ceux de Montauban, qui rasèrent en suitte toutes leurs fortifications.

SEPTEMBRE

Le Parlement, croyant que le Roy le vouloit expressément, met le Registrata aux ordonnances dressées par M^r le Garde des Seaux.

Monseigneur va à Nancy[1], où trouve malade de palpitation de cœur Mr de Lorraine, qui envoye Couronges rendre compte au Roy de l'arrivée de Monsieur.

14. — Bois-le-duc rendu au Prince d'Orange[2]. Quelque temps auparavant Vesel avoit esté surpris.

Jeudi 13. — M^r le Cardinal de Richelieu, accompagné de M^r le Maréchal de Schonberg, venant à Fontainebleau[3], M^rs les Cardinaux de La Vallette et de Bérulle et quasy tout le reste de la cour furent à Nemours au-devant de luy. Comme il vint trouver la

---

[1] Bassompierre, t. IV, p. 69.
[2] *Mercure français*, t. XV, p. 652.
[3] Voy. P. *Griffet*, t. I, p. 680. — Bassompierre, t. IV, p. 68.

Reyne, mère du Roy, dans sa chambre à Fontainebleau, suivy de toutte la cour, elle lui fit la mine. Mr le Cardinal sortit, fort picqué, aprez lui avoir tesmoigné quelque chose de son sentiment. Il parla de s'en aller au Hâvre. Le Roy tesmoigna grande passion pour luy, dit à la Reyne sa mère que, lorsqu'il n'avoit point d'inclination pour luy, elle l'avoit engagé à s'en servir, et que, maintenant qu'il l'aymoit et qu'il en estoit très dignement servy, elle le lui vouloit faire perdre. La Reyne lui respondit qu'il s'en pouvoit servir, s'il vouloit ; mais que, pour elle, elle ne s'en serviroit jamais. Enfin cela se racommoda par l'entremise du Roy avec la Reyne, à laquelle il mena Mr le Cardinal de Richelieu. Ilz furent long temps enfermez tous trois, pleurèrent et se racommodèrent. Mr le Cardinal avoit remis à la Reyne les charges qu'il avoit dans sa maison ; mais je croy que depuis il les reprit.

Il y avoit longtemps que Mr le Cardinal de Bérulle estoit très bien dans l'esprit de la Reyne, mère du Roy, où on l'a cru très puissant.

Dimanche 16. — Paix d'Angleterre solemnellement jurée aprez vespres et en grande cérémonie, dans la grande église de Fontainebleau. Mr le Cardinal tenoit les évangiles. Tout l'ordre de ceste cérémonie est dans une gazette de Rome.

Environ 28. — Les Comtes de Roussy et de La Suse

— Mr de Charny et le sieur de La Roque, qui est à Mr de Rohan, tous Huguenotz, sortent de la Bastille.

OCTOBRE

Lundi 1er.

Mardi 2. — Mort de Mr le Cardinal de Bérulle à Paris[1]. Il y avoit 5 ou 6 jours qu'il estoit revenu malade de Fontainebleau, sans avoir voulu voir de médecin ny rien obmettre de ses exercices ordinaires. Le Lundy, il dit encor entièrement la messe. Le Mardy, nonobstant son extrême foiblesse, il se mit à l'autel, où aprez ces parolles : « Hanc igitur oblationem servitute nostra, » il lui prit une sy extresme foiblesse qu'on fut contrainct de l'en oster, et, après avoir receu l'extrême unction et donné la bénédiction à ceux de sa congrégation, il rendit l'esprit. On fit un service solennel et son oraison en toutes les maisons de l'Oratoire de France, et Mr l'Evesque de Nantes[2] fit l'Oraison funèbre à St Magloire, le 29 décembre, excellemment bien.

Le Roy donna à Mr le Cardinal de Richelieu l'abbaye de Noirmoutiers, vallant 15000 livres de rente et celle de St Lucian de Beauvais vallant 33000 livres de

[1] Pierre de Bérulle, né le 4 février 1575, fondateur des Carmélites et de l'Oratoire, cardinal en 1627.
[2] Philippe II de Cospeau.

rente, et Mʳ le Cardinal donna à un des filz de Mʳ de Bérulle, le maître des Requêtes, frère du deffunct une abbaye de III ou IVᵐ livres de rente.

Madame la Princesse acouche à Paris d'un filz.

Mʳ le Prince eut permission de se trouver à ses couches et de faire faire l'enterrement de Madame la Princesse, sa mère; ce qu'il fit aux Cordelliers en grande cérémonie; puis alla voir le Roy à Fontainebleau et de là s'en alla.

Le Roy règle le rang des Princes (excepté ceux du sang), selon l'âge, sans préjudice à leurs prétentions et aux rangs ordinaires, qui ne sont contestez; en attendant que dans 3 mois ilz mettent leurs tiltres entre les mains de Mʳˢ de Champigny et de Roissy.

Environ 28. — Mʳ le Mareschal de Marillac va vers Monseigneur à Nancy [1] — retourne [2]. . .

NOVEMBRE

8. — Mʳ *de Champigny* faict premier Président du Parlement de Paris.

Le Roy estant au conseil à Sᵗ Germain, Mʳ le Cardinal de Richelieu propose que, la charge de 1ᵉʳ Président estant vacante il y a si longtemps, il est du service de Sa Majesté de la remplir. Le Roy respond qu'il estoit

---

[1] Voy. P. *Griffet*, t. I, p. 684. — Le récit de Griffet complète le récit inachevé d'Arnaud.

[2] Inachevé dans le manuscrit.

vray et qu'il luy dist qui il jugeoit propre pour ceste charge; Mr le Cardinal respond qu'il y avoit sy long temps que Mr le Président Le Gé en faisoit la function, qu'il s'en acquictoit sy dignement et estoit sy capable et sy plain d'affection pour le service de Sa Majesté qu'il luy sembloit qu'il y seroit très propre. Le Roy respondit qu'il estoit vray, qu'il estoit fort habile et fort capable, mais qu'il ne vouloit pas qu'il luy fust reproché d'avoir mis en ceste charge et donné pour chef au Premier Parlement de son royaume un homme qui avoit eu trois abolitions, et qu'il ne voyait personne qui peust remplir plus dignement ceste place que le bonhomme Mr de Champigny.

Sur cela Mr le Garde des Seaux de Marillac, prenant la parolle, dit qu'il croioit que Dieu avoit inspiré ce choix au Roy, pour ce que l'on ne pouvoit trouver un plus homme de bien que Mr de Champigny, etc...

Vendredi 30. — Mr d'Espernon arrive à Paris. La Reyne, mère du Roy, lui faict grandes caresses.

DECEMBRE

Samedi 1er.

Dimanche 2. — Madame la Douairière de Longueville meurt à Paris[1], aprez avoir esté long temps ma-

---

[1] Bassompierre, t. IV, p. 71. — Catherine, fille de Louis de Gonzague, prince de Mantoue, et de Henriette de Clèves, mariée le 27 février 1588 à Henri d'Orléans, duc de Longueville.

lade; deffend par son testament qu'on la monstre dans un lict de parade, qu'on face aucune cérémonie à son enterrement ny oraison funèbre, que, sy elle meurt à Coulommiers, on l'y enterre, sy à Paris, au couvent des Carmélites à la rue Chappon, dont elle est fondatrice.

On trouva, aprez sa mort, qu'elle faisoit encor de beaucoup plus grandes ausmosnes que l'on ne croioit.

Lorsqu'elle mourut, M^r son filz estoit malade à l'extrémité à Charleville, où le Roy l'avoit envoyé, et Madame sa femme estoit partye, le jour précédent, pour l'y aller trouver.

Aprez la mort M^e la Douairière de Longueville, la Princesse Marie, fille aisnée de Mr de Mantoue, qui estoit avec elle, fut mise par la Reyne, mère du Roy, avec Mad^e la Comtesse de St Pol.

Mecredi 12. — Mr de Bellegarde et Mr Boutillier partent de Paris, pour aller en carrosse trouver Monseigneur à Nancy [1], où Mr Boutillier passoit pour ambassadeur; car Mr de Bellegarde luy donnoit la porte, et Monseigneur les fit traicter ainsy qu'il avoit tousiours faict M^r le M^{al} de Marillac, lequel sy trouva aussy avec eux; lesquelz revindrent à Paris, le Dimanche 13 Janvier, aprez avoir résolu toutes choses.

En exécution du susdit traicté, au lieu du gouverne-

[1] Bassompierre, t. IV, p. 69.

ment d'Orléans baillé à Monseigneur, on baille à Mʳ le Comte de Sᵗ Pol (lequel l'avoit) celluy de Touraine avec le château de Tours, et à Mʳ le Marquis d'Esfiat (lequel l'avoit) celluy d'Anjou avec le château d'Angers, dont Mʳ le Commandeur de La Porte estoit gouverneur, et à la Reyne, mère du Roy, qui avoit le gouvernement d'Anjou¹. . . . .

Samedi 29. — Mʳ le Cardinal et Mʳ de Schomberg partent de Paris, arrivent le Samedi 29 janvier à Lyon, d'où partent le 30, pour aller à Grenoble, où arrivent le¹. . . . ., et de là Ambrun, où arrivent le¹ . . . . . et en part le. . . . . pour aller à Oulx².

---

[1] Inachevé dans le manuscrit.
[2] Voy. *P. Griffet*, t. I, p. 668. — Bassompierre, t. IV, p. 71.

PARIS

TYPOGRAPHIE PLON-NOURRIT ET Cie

RUE GARANCIÈRE, 8

www.ingramcontent.com/pod-product-compliance
Lightning Source LLC
Chambersburg PA
CBHW050630170426
43200CB00008B/958